江戸時代の明智光秀

村上紀夫

創元社

江戸時代の明智光秀

※本能寺と坂本城は、本能寺の変当時のおおよその位置を示している。

本書関連地図

N
2km
京都市
山陰本線
9
保津川
亀山城
亀岡市
嵯峨野
観光鉄道
京福電鉄
北野線
京福電鉄
嵐山本線
阪急嵐山線
桂川
京都縦貫自動車道
9
阪急京都線
東海道本線
大阪府
高槻市
新名神高速道路
大阪府
島本町
山崎
大阪府
茨木市
名神高速道路
京阪本線
淀川
大阪府
枚方市

凡例

一、漢字は基本的に現行常用字体に統一した。

一、史料引用にあたっては読みやすさを考慮し、漢文体の史料は原則として読み下しにした。また、原文にない振り仮名や送り仮名、句読点を適宜補った。逆に煩瑣になる場合は原文の振り仮名や訓点などを省略した場合がある。

一、年代表記については、一八七二年の太陽暦への改暦以前は和暦のあとに（ ）で西暦を示し、その後は一九四五年までを西暦（和暦）とし、一九四五年以後は西暦のみとした。なお、一八七二年の太陽暦への改暦以前については、西暦と和暦は必ずしも厳密には対応していない。

一、本文で既発表の著書・論文を示す場合、〔 〕内に執筆者名と発行年を記し、参考文献は巻末に著者姓名の五十音順で一括掲載した。なお、研究者の敬称は略した。

一、明智光秀・豊臣秀吉は、それぞれ天正三年以降は惟任光秀、元亀三年〜天正一四年は羽柴秀吉を名乗る。しかし、煩瑣になるので史料上の文言を除いて、一般的な明智光秀・豊臣秀吉で統一した。

江戸時代の明智光秀　目次

序章
光秀供養の明かり

京の盆灯籠

京都では、その明かりを明智光秀のためのものだといっていた。

江戸時代の京都では、旧暦の七月一日から晦日《みそか》までの間、点《とも》し続けられる盆灯籠について、地子銭《じしせん》を免除した明智光秀への「報恩」の意味があるともされていたらしい（『守貞謾稿《もりさだまんこう》』巻二七）。

この話を記録したのは、喜田川守貞《きたがわもりさだ》という人物である。彼は大坂・江戸での生活を経験しており、その手による随筆『守貞謾稿』は、天保八年（一八三七）から書き始められた。三都の生活文化を広範かつ詳細に書き留めており、庶民生活の百科事典ともいえるものである。そこには、彼は耳にすることができたが、現在では失われている伝承も記録されていて貴重である。

江戸・大坂では盆灯籠の明かりを、子孫によって供養されることのない「無縁法界《むえんほっかい》」の霊を供養するためだとされていた。それが、京都では明智光秀のためだともいわれていたことが、守貞の印象に残っていたのかもしれない。

守貞は、光秀は「逆賊なれども」地子《じし》を免じたことが京都の人びとから感謝されてのことだと記している。どうして「逆賊」だったはずの明智光秀が、京都ではそんなに大切にされているのか。それが、不思議でならなかったのだろう。

官撰の史書に書かれる

京都では、明智光秀が地子、すなわち土地にかかる税を免除したと伝えられており、明智光秀の死から二五〇年以上を経た一九世紀になってもなお、その恩恵を受けている人びとが光秀への感謝を忘れていない。

しかしながら、光秀による洛中地子免除は同時代の史料で確認することはできない。江戸時代の明暦三年（一六五七）三月朔日《ついたち》の奥書《おくがき》がある『永禄《えいろく》以来大事記《いらいだいじき》』には、「光秀、洛中地子銭を免ず」と見えるだけだが、寛文四年（一六六四）三月七日の奥書を持つ『細川忠興《ほそかわただおき》軍功記』には、もう少し詳しく様子が書かれている。本能寺の変の後に、明智光秀は「具足召しながら御参内《ごさんだい》成《な》され、扨《さて》洛中の地子御免《ごめん》成《な》され、御高札御立《おたて》成され候《そうろう》事」とある。つまり、天正一〇年（一五八二）六月二日にあった本能寺の変直後に内裏に行き、それから地子免除を高札《こうさつ》で伝えたという。

幕府の命で、林《はやし》羅山《らざん》によって寛永一八年（一六四一）に編纂された、漢文体の織田信長の伝記である『織田信長譜』にも、明智光秀が洛中の地子銭を「免許」したと記される。本書は明暦四年（一六五八）に出版されている。こうした権威のある官撰の史書に掲載されたことで、一七世紀の中頃くらいには、広く知られた話になっていたと見てもいいだろう。

最初に地子を免除したのは

そもそも明智光秀以前に、織田信長が足利義昭を追放した元亀四年（一五七三）七月に、上京の地子銭を免除している（「京都上京文書」）。信長の手で上京を焼き討ちした後でなされた、住民還住を促すための施策だ。恩恵というにはほど遠いものであったが、ともかく京都の地子免除は光秀が最初というわけではない。

また、豊臣秀吉は洛中検地を経て、天正一九年（一五九一）九月に地子免除の朱印状を上《かみ》下京《しもぎょう》に対して発給している。これは、史料でも確認できる史実である。その後も寛永一一年（一六三四）七月には、上洛した徳川家光によって洛中と洛外町続きの地子が免除されている。

だから、仮に明智光秀が京都の地子免除を行っていたとしても、それが最初だというのは確実に誤りだし、近世都市京都への影響を考えれば、永続性を持った豊臣秀吉や徳川家光の施策の方が重要なのである。

こうした京都の地子免除が、特権をもつ「町人」としての身分が誕生する契機となったと、都市史研究のなかで評価されていた〔吉田伸之　一九九八〕。そういう意味では、地子免除は、近世的な都市京都の出発点ともいえ、町人が洛中地子免除をした人に対して、感謝をするというのもわからない話ではない。

だが、織田信長や豊臣秀吉、そして徳川家光と異なり、明智光秀による京都の地子免除は、同時代の史料では確認することができない。本能寺の変の後、明智光秀が参内し、それから京都の人びとに対して高札を掲げて洛中の地子免除を広く伝えたと『細川忠興軍功記』にあったが、よく考えてみればこれは不思議なことなのだ。

京都町人にとっての光秀

近世京都の町研究で知られる秋山國三《あきやまくにぞう》は、既に「京都における地子免許は光秀をもって嚆矢《こうし》とする謬説《びゅうせつ》が行われ」たと記す〔秋山國三　一九八〇〕。「謬説」――間違った説――だと明言している。

ただし、誤りだとして一蹴《いっしゅう》するのは簡単だが、ここでの関心は「謬説」が、いつどのように生まれたのかにある。初めて地子免除をした織田信長でも、京都改造を強力に進めた豊臣秀吉でもなく、江戸幕府の将軍である家光でさえなく、なぜ明智光秀を京都の人びとが想起していたのか。

こうした疑問は、江戸時代に既にあった。明和九年（一七七二）の序文がある神沢杜口《かんざわとこう》の随筆『翁草《おきなぐさ》』巻三一に、次のような著者のコメントが載っている。

此の時光秀京都の地主銭をば免ずと云々《うんぬん》、これを考ふるに洛中地子免許の事は、信長公の時沙汰《さた》有て、則信長公の判物を今に於《おい》て洛の古町に所持す。然るを此を地子の事は、明智が免許たりと、世人一統に覚たるは奈何《いかん》。

ここでは、まず「世人一統」という表現に注意しておきたい。一八世紀後半には、どうやら京都では広く世間一般で、明智光秀が地子銭を免除したと認識されていたようなのだ。さすがに神沢杜口は京都町奉行所の与力《よりき》であり、京都の町に残る古文書などについてもよく知っていたから、そうした一般的な理解について疑問を呈している。

神沢は、「按《あん》ずるに」と続けて、信長が地子銭免除を沙汰したけれども、未確定な点が残っていて、明智光秀の時に確定したからではないか（「明智に至て事を決しぬるにや」）と推測をしている。無論、明確な根拠があってのことではなく、整合的に理解するための苦しい説明といわねばなるまい。

こうした誤った言説は、いつ、なぜ、どのように生まれたのだろうか。それを知るには、軍記や随筆など「俗書」といわれるような書物を繙《ひもと》いていく必要がある。

本書の方法

後世の編纂物や軍記物語など、不確かな史料を排して、同時代の確かな史料から徹底的に内容を吟味し、そこから過去を再構成していく。これが、歴史学の方法であるのは間違いない。

そして、その方法で、これまで貴重な研究成果がいくつも積みあげられてきた。明智光秀についても、確かな史料から次第に実像が明らかにされてきている〔小和田哲男 二〇一九、早島大祐 二〇一九など〕。

しかし、一方で現代の私たちが歴史上の人物をイメージするにあたって、小説や映画、そして大河ドラマなどの影響は決して小さなものではない。

江戸時代の人たちも、一部の学者を除けば、一次史料と呼ばれる同時代の史料に接する機会はほとんどなく、軍記物語や芝居、講談などの話芸をとおして「歴史」を知ることの方が多かった。そして、それが歴史観や歴史像を作りあげてきたとすれば、二次史料もそれなりに意味のあるものだったはずだ。本書では、こうした二次史料によってつくり出され、変容していく江戸時代の明智光秀像に注目してみたい。

京都の歴史認識と光秀像

つくられた光秀像を論じることには、どのような意味があるのか。京都のように平安京以来の歴史を持つ都市において、その住民が過去のある一点を選んで自らの歴史と結びつける。その行為は自分たちの歴史の起点をどこに見出すか、つまり都市のアイデンティティの問題と不可分である。

過去の事件や人物との結びつきを人びとが意識するとき、そこには、「現在」から見て過去はこうであってほしい、こうに違いないという思いが投影される。つまり、選択され表象される過去は、一種の自画像であるといえる。

だから、明智光秀像が語られ、想起されていく過程を史料から浮かびあがらせることで、人びとが光秀像に託した心性を明らかにしてみたい。

過去と自己を結びつけて由緒を語ろうとする行為の主体は、京都という都市の場合もあれば、町や村、そして特定の家や個人の場合もあろう。そこに託される物語もまた、それぞれの集団の意図や時代背景によっても変わってくる。いくつもの光秀像は、京都に生きる人の多様性を映し出すであろう。

明智光秀が活躍した地域は広く、ゆかりの地も多い。それらすべてに目配りすることは筆者の力量を超えている。そこで、本能寺の変から光秀最期の舞台となった京都とその近郊に絞りたい。

京都における光秀像の創出と変容、そのプロセスをできるだけ史料に基づいて見ていこう。

第一章

洛中地子免除と光秀

史料に見る本能寺の変後の光秀

まず、洛中地子免除について論じるに先立ち、史実の確認をしておくことにしよう。同時代史料を使って、本能寺の変から山崎の合戦までの光秀の動向を確認しておきたい。本当に、明智光秀が京都の地子を免除するようなことがありえたのだろうか。

使用するのは、明智光秀とも親交の深かった公家で、吉田神社の神主でもあった吉田兼和《かねかず》（のち兼見《かねみ》）の手による日記。同時代を生きた人物によるリアルタイムの記録である。

天正一〇年（一五八二）六月二日、早朝に明智光秀が本能寺を襲ったという情報を、吉田にいた兼和に告げに来たものがあった。この日は、信長のもとへ挨拶に行く予定をしていたので驚いたが、彼は本当かどうか確かめるために屋敷の外に出た。京の方角を見れば、本能寺のあたりの様子がおかしい。どうやら情報は事実のようだ（『兼見卿記』天正一〇年六月二日条）。

明智光秀は、本能寺の織田信長と妙覚寺《みょうかくじ》にいた織田信忠《のぶただ》を討ち果たしていた。『信長公記《しんちょうこうき》』によるなら、朝には本能寺・妙覚寺での戦闘をほぼ終え、辰の刻（現在の午前八時頃）にはもう掃討戦に移行し、信長方の「落人《おちうど》」がいないかと洛中で家捜しをはじめている。

未刻（午後二時頃）に光秀は近江《おうみ》（現在の滋賀県）へと向かっている。兼和は粟田口《あわたぐち》で光秀と面会し、「在所」の安全を約束してもらっている（『兼見卿記　別本』天正一〇年六月二日条）。

三日から光秀は近江平定に向かい、四日には全域をほぼ掌握し、五日には安土へ入城を果たした（『兼見卿記　別本』天正一〇年六月三〜五日条）。

六日、吉田兼和が禁裏から呼び出されて参内すると、安土の光秀のもとへ勅使として下向《げこう》することが命じられた。用向きは京都のことをよろしく頼むと光秀に伝えるためであった（『兼見卿記　別本』天正一〇年六月六日条）。

勅使として安土へ

七日に兼和は安土に向かい、しばらく門外で待たされたが、無事に入城を許されて光秀と対面を果たしている。ここで、旧知の兼和に対して光秀は「今度《このたびの》謀叛《むほん》の存分雑談《ぞんぶんぞうだん》」している（『兼見卿記　別本』天正一〇年六月七日条）。この「雑談」の内容を兼和が日記に書き留めていてくれたら、本能寺の変をめぐる多くの「謎」は解消されていただろう。

八日、安土城下で一泊した兼和が上洛。光秀も九日からの摂津（現在の大阪府北中部・兵庫県南東部）攻略に向けて出陣。既に先発隊は山科《やましな》・大津に展開していたようなので、緊迫する空気のなかでの帰洛となっている（『兼見卿記　別本』天正一〇年六月八日条）。

九日、光秀から上洛を伝える自筆の書状が兼和に到来。未刻（午後二時頃）に光秀が上洛する。公家衆の出迎え辞退を伝えた光秀は兼和邸に入っている。

光秀は、禁裏からの使者（兼和）に謝意を伝えると、天皇・親王に銀子《ぎんす》五〇〇枚進上を伝えた。五山《ござん》にも各一〇〇枚、さらに「予」（兼和）にも五〇枚の銀子が光秀から下されることになった。しかし、気前よく銀をバラ撒いていると手持ちの銀子がなくなったらしい。大徳寺への銀が不足したようで、兼和への銀五〇枚から光秀は二〇枚を「借用」して、大徳寺にも銀を一〇〇枚渡すことにしている。

もらえるはずだった五〇枚の銀から、目の前で二〇枚も引き抜かれた兼和は、思いもよらないことだ（「存知寄《ぞんじよ》らざる仕合《しあわせ》」）と不満を書きつけているのが面白い（『兼見卿記　別本』天正一〇年六月九日条）。

しばし、光秀は兼和邸の小座敷で休息し、連歌師の里村紹巴《さとむらじようは》らとともに出された夕食を口にすると、慌ただしく下鳥羽《しもとば》へと出陣した。なお、兼和は朝廷への銀子をその日に届け、その足で銀子の礼を記した朝廷からの「奉書《ほうしよ》」を光秀のもとに届けている。

一〇日、光秀は摂津方面で軍事行動をし、一一日に本陣の下鳥羽に帰陣（『兼見卿記　別本』天正一〇年六月一〇、一一日条）。大和《やまと》の筒井出陣を促すためだという。

一二日、山崎に出陣、勝龍寺《しようりゆうじ》西で足軽による衝突から戦端が開かれた（『兼見卿記　別本』天正一〇年六月一二日条）。

息つく間もなかった光秀

細かい記述が続いて恐縮だが、ここまで見たことを整理しておこう。本能寺の変があった当日の六月二日、光秀は、戦闘を終えて未刻（午後二時）には京都を離れている。兼和が光秀と接触しているが、これは近江へ向かう途中で兼和が待ち構えていたから可能であったにすぎない。

このことから、六月二日は、足早に京都を離れて近江に向かっていることがわかる。京都の民政はおろか、朝廷工作もしていない。本能寺の変後、ただちに参内し、そして高札で地子免除を人びとに周知するようなことはあろうはずがない。その後、五日までは近江平定に忙殺されている。次に京都に来るのは九日である。

この間に京都の上賀茂神社《かみがもじんじゃ》は三日のうちに光秀に接触し、一貫文《かんもん》の銭を届け、翌四日には安土城・坂本城へも銭を届けている〔下坂守　二〇〇六〕。変を聞きつけた少なからぬ寺社が、光秀に保護を求めるために礼物などを届けたであろう。同じ日に、光秀は大山崎の離宮八幡宮《りきゅうはちまんぐう》に乱暴狼藉などを禁じる制札《せいさつ》も出している（「離宮八幡宮文書」）。その後も六日に近江の多賀社《たがしゃ》（「多賀神社文書」）、七日には京都の上賀茂神社・貴船神社《きふねじんじゃ》（「賀茂別雷神社文書」）と摂津の開運寺（「渡辺重雄氏所蔵文書」）にも制札を出しているから、光秀が軍事行動の傍らで、多くの寺社からの保護の求めに応えていたことは確かなようだ。

しかし、京都の町の地子免除のような新しい施策を打ち出せる段階ではない。そう考えるのは、朝廷側が光秀に対して勅使派遣の動きを見せるのが六日であり、勅使となった兼和が安土に出向くのが七日だという点にある。朝廷工作よりも先に、京の市政に関心が向けられるとは考えにくい。九日に上洛した光秀は、朝廷や五山に大量の銀子を渡して懐柔をはかっている。この六月九日付で、大徳寺に乱暴狼藉などを禁じる制札も出されている（「大徳寺文書」）。他の五山寺院にも同様の制札が出されていたかもしれない。ただ、九日には光秀は参内すらしていない。吉田兼和邸で兼和に献金をゆだねた後、すぐに下鳥羽へ出陣している。

光秀自身が、どこかにはたらきかけをするような余裕はなかっただろう。

この九日には、信長の死を知って剃髪していた細川藤孝に対して、懇願するかのような協力要請の書状（「細川家文書」）を出している〔小和田哲男　二〇一九〕。思うように味方が集まらないなかで、光秀は焦燥にかられていた。

その後は、ほとんど陣中にあって、決戦に備えて淀《よど》の城を改修したり、摂津に出陣するなどで忙殺されているうちに、光秀にとって最後の戦いとなる山崎の合戦を迎えることになる。

西国出陣直前の地子免除はあったか

次に地子免除のタイミングとして考えられるのは、九日の出陣時である。

後述する『義残後覚《ぎざんこうかく》』という史料によれば、光秀は西国への出陣を前に、京の人びとを集めたとある。東京大学史料編纂所の『大日本史料』でも、慎重な扱いながら京都の地子免除に関する後世の史料を、六月九日の項に掲載している。

しかし、吉田兼和邸で夕食を終えて慌ただしく「下鳥羽出陣」した光秀が、京都の町から人びとを集めるような時間的余裕などなかったはずである。山崎の合戦直後の六月一三日には、主君の信長を殺害した天罰が下ったという噂が広まっていたくらいだから（『兼見卿記』天正一〇年六月一三日条）、光秀が短期間で京都の人びとの心を掴んでいたとは考えにくい。

少なくとも同時代史料では明智光秀による地子免除の話は出てこないし、そうした積極的な施策をうつような時間は残されていなかったと見るのが妥当だろう。信長を倒して間もなく、近江と京都を慌ただしく往復し、朝廷や諸大名への工作に忙殺されていた光秀にとって、京都の民政にまで気を回す余裕はなかったというのが実情かもしれない。

糒《ほしいい》と地子銭免除の話

明智光秀が本能寺の変の後で京都の地子銭を免除したという話は、『義残後覚』巻五に見える次の話が、比較的早い時期に書かれたものといえようか。

かくて日向守（明智光秀）は明日西国へ出陣なれバ京町中の者ども御礼にあがるべし、則《すなわち》東寺の四ツ塚にて請給《うけたま》ふべしとありしかば、かしこまり候とて、おもひ〳〵進上をぞいたしける。あるひハまんぢう粽《ちまき》もちのたぐひ、あるひは樽肴《たるさかな》菓子などをあぐるもありけり、又一方にいや〳〵さやうのたぐひハ世も静謐《せいひつ》におさまり、たがひに上下《かみしも》などをじんじやうにちやくして御館にてうけさせ給ふときにこそハしかるべけれ、（中略）たゞほしいひなどこそしかるべけれとて引飯《ひきめし》をつみあげてまいらする者もおほかりけり。さるほどに日向守四ツ塚に牀机《しょうぎ》を立させおはしまし、此《この》進上を見たまひて引飯まいらせたるをバ心得たるものもあるものかなとて殊外よろこび給ふ。そのゝちの給ひけるは洛中の礼を請てしるしもなくバ有べからずとて、向後《きょうこう》町中の地子役をゆるし置との御諚なり、各ありがたしとてよろこびいさみて帰りける。

この『義残後覚』は、愚軒《ぐけん》という人物による武辺咄や奇談などが載る作品である。跋文《ばつぶん》には文禄五年（一五九六）とあるが、成立はそれよりも少し下がるといわれている。内容の検討から、慶長三年（一五九八）の秋から慶長五年（一六〇〇）秋の成立ではないかと推測されている〔笹川祥生　一九九二〕。明智光秀の死から一〇年以上を経た一六世紀末頃の作品ということになろうか。

筆者とされる愚軒は詳細不明ながら、武将たちに近侍して武辺咄などをしていた「御伽《おとぎ》衆《しゅう》的な人びと」が想定されている〔土井大介　二〇〇八〕。あるいは豊臣秀次側近衆にかかわりがあった「伽の者」かともいわれている〔高田衛　一九八九〕。ただ、この点については、秀次にかかわる話題が少ないことから疑問視する見解もある〔笹川祥生　一九九二〕。

武人としての光秀

さて、問題の地子免除の話である。『義残後覚』が伝えている話をよく見れば、主題は地子免除ではないことが明らかであろう。出陣前の光秀に対して「御礼」に集まった京都の人びとは、様々な礼物（献上品）を持参した。そんななか、饅頭や粽、酒などは平時の正式な儀礼の場なら相応《ふさわ》しいが、これから出陣しようという武将だから、兵粮になる糒《ほしいい》（「引飯」）がいいだろうといった者がいた。光秀は、あまたの献上品のなかでも、糒を献じた者を「心得たるもの」と喜んだという。そして、洛中からの礼を受けた以上は、何かしなくてはなるまいといって、町中の地子免除を約束したとある。

つまり、豪華な献上品よりも兵粮になる実用的なものを有り難がったというエピソードをとおして、光秀の武将としての心がけを賞賛したものである。

秀吉とともに光秀軍と闘って戦功をあげ、それを手柄とした武将達にとっては、あまりにも明智光秀が不甲斐ない存在であっては具合が悪い。そこで、光秀がひとかどの武将であったという話も生まれてくるだろう。

『義残後覚』は、御伽衆の作品というよりは、多様な情報源から集めた話を集積し編集したものとされている。

この話は、前段の「織田源五郎殿落給ふ事」という織田信忠の自刃《じじん》をめぐる話に続く。そこには「都の住人とて老門のいはく」とあるので、情報源は京都の古老というところであろうか。織田信忠に自害をすすめておきながら、自らは二条御所を脱出して生き延びた、信長の弟である織田長益《ながます》を揶揄《やゆ》する話である。織田長益の武将らしからぬ姿と対比するように続く話題が、光秀のことである。

ここでは、礼に訪れた京の町人による贈り物のうちでも、兵粮になる糒を喜んだという武人としての側面が強調されている。地子免除の話もありはしたが、あくまでも話の流れで付け加えられたものだ。

周の武王になぞらえる

ところが、その後は少し違った話になっていく。成立年は不詳ながら、『義残後覚』より後の一七世紀の作品とされる、大坂冬・夏の陣について記した軍記物語の『豊内記《ほうないき》』を見よう。冒頭の「代々の大略」とする箇所に詳しく地子免除の場面が描かれている。

日向守（光秀）ハ槿花一日《きんかいちじつ》ノ栄ヲ思ヒ、床机《しょうぎ》ニ靠《もたれ》テ洛中ノ礼ヲ受ケ、即京中ノ屋地子ヲ免許シテ曰ク、「信長ハ殷《いん》ノ紂《ちゅう》ニテソ在ケル」ト申シケレバ、京童《きょうわら》ヘノ心ニ思フ様、是ハ己カ身ヲ武王ニ比シテソ云ラン、片腹痛キ事カナトハ思ヘトモ、地子ヲ許ストノ嬉シサニ万歳ト祝イテ賀シ申ケル、今ニ至ルマテ京中ノ屋地子無キハ明智日向守カ恩也

信長を討った光秀は、京都の人びとから祝意を伝えられると、織田信長を「殷の紂王である」と中国の古典に登場する暴君に例えたという。それを聞いた京童は、「これは自分のことを紂を討った周の武王だといいたいらしい」と鼻白みつつも、地子免除を喜んだという。武王は殷を倒して、新たな周王朝を起こした人物である。

「今ニ至ルマテ京中ノ屋地子無キハ明智日向守カ恩」だと感謝はしているらしいが、光秀の言葉を聞いて「片腹痛い」と思ったという。これは、他人が実力以上のことを行っていることを、苦々しく滑稽に感じることをいう言葉だ。京都の町衆たちが、意地の悪い目で光秀を眺めていたというエピソードになっている。

周山と光秀

光秀が自らを周の武王になぞらえていたという話は、京都新在家町《しんざいけちょう》の儒医《じゅい》である江村専斎《えむらせんさい》の談話を集めて、宝永七年（一七一〇）にまとめられたという『老人雑話《ろうじんざつわ》』にも見える。

ここでは、「亀山の北愛宕山のつゝきたる山に城郭を構ふ、この山を周山と号す、自らを

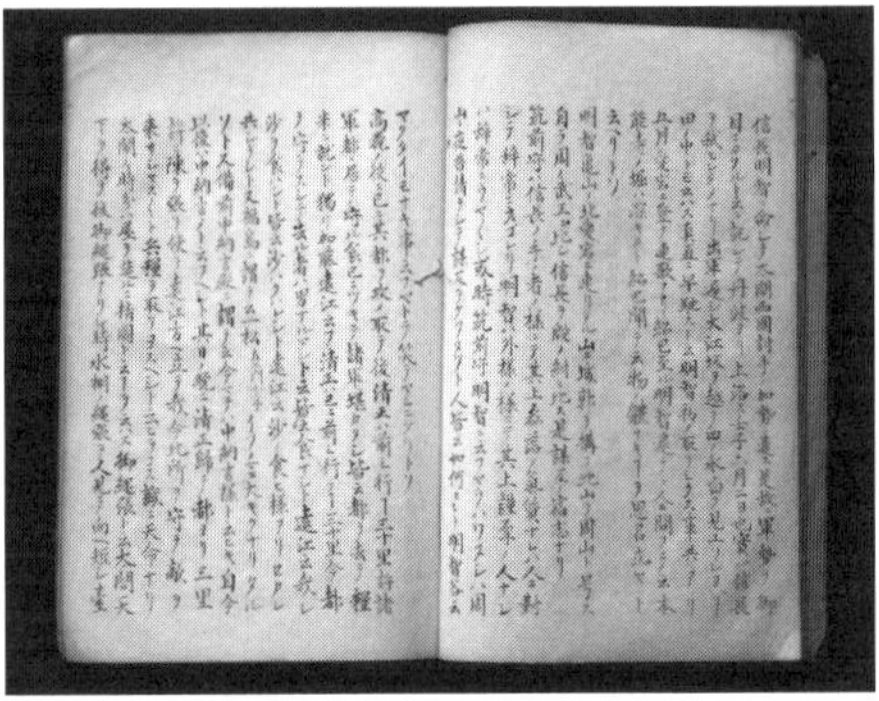
『老人雑話』（筆者蔵）

周の武王に比し、信長を殷紂に比す、これ謀叛の宿志なり」とある。

そんな光秀に対して、秀吉は「おぬしは周山でこそこそと城普請をして、謀叛でもおこそうとしてるんじゃないかとみんながいってるぞ。本当のところ、どうなんだ？」（「わぬしは周山に夜普請をして謀叛を企と人皆云ふ、如何《いかん》」）と遠慮なく聞いた。これに対して、光秀は「どうして、そんなつまらないことをいうんだ」（「やくたいも無きことを云や」）といって笑いお終いになったと伝えている。

秀吉と光秀の緊張感がみなぎった会話がかわされる一場面である。もちろん、これは光秀の謀叛という結果を知っているからこそのことで、本能寺の変の後になって広まった話だろう。

この話を語った江村専斎が実在していたことは間違いない〔河内将芳 二〇一九〕。江村専斎が光秀や秀吉の会話を直接聞いたとは思えないが、光秀の没後には、巷間ではそのような話が語られていたことは事実なのだろう。

光秀が城を築いて周山と称したのは、自らを周の武王に見立て、信長を武王に討たれた殷の紂になぞらえていたものだから、城を築いた時に既に謀叛の意思があったのだという解釈である。実際には、光秀の築城以前から周山という名称が使われていたようだから、信長への謀叛と結び付けるのは事実と異なる〔小和田哲男　二〇一九〕。これも後付けの理屈なのだろう。

また、『老人雑話』は、磊落《らいらく》で傲慢《ごうまん》な秀吉に対して、光秀の人物像を「外様のやうにて、其上謹厚の人なれは、詞常に慇懃なり」と記している。信長家臣団としては「中途入社組」〔小和田哲男　二〇一九〕であったにもかかわらず、出世を遂げていたこともあり、周囲に気を遣って、いつも丁寧な言葉を使っていたという。

あるいは、普段は腰の低い人物だからこそ、信長を討った後はいつもと違った様子に見えたのかもしれない。冷静さを失い、有頂天になっていたように思われたのだろうか。

粽《ちまき》と光秀

一七世紀には、信長を討って得意になっていた光秀は、京都の地子免除をするが、京都の人びとは冷静にその度量の狭さを見極めていたという話になっていた。

関連して、京都の人びとの光秀観を伝える話として、これまたよく知られているのが、『太閤記』に載る次のようなものである。山崎への出陣を前にした光秀に対し、「門出祝せん」

と人びとが参じた際のことだ。

京童粽をさゝげ、今日《きょう》の御合戦《ごかっせん》大利を得給《えたま》ふやうにと祝しければ、皆〲聞候《そうら》へ、其君悪行あれば弑《しい》し侍《はべ》る事、吾朝《わがちょう》に限ず異国にもさるためしあり、周武は其君紂悪徳《あくとく》有《あり》しかば弑しつゝ、諸人之困窮を救ひ、人道を正し、周祚《そ》八百六十余年平安なりしぞかし。洛中安泰にあらしめんぞと云つゝ、粽を取てむきもし侍らで食したり。京童是を見て、此軍はかゞしき事よもあらじ。軍の前に大将度にまよふは亡兆なるよし聞伝へり。唯急ぎ帰るにしくはなしとて、あしばやに帰京したりけり（『太閤記』）。

出陣を前に粽を献じられた明智光秀は、皮をむかずにそのままで食べたのだという。その様子を人びとが見て、大将が冷静さを失っているような軍隊は負けるに決まっていると見限ったという話である。粽とは、餅や糯米《もちごめ》などを笹などの葉で包んで蒸したりゆでたりしたもので、食するときは、皮をむいて食べるものだ。光秀は、それを忘れて、皮がついたままで齧《かじ》りついたという。

一見して明らかなように、『義残後覚』のエピソードと同じく、京の人びとが献上品を持参して光秀のもとを訪れた際のできごとのようだ。『義残後覚』では、粽よりも実用的な糒を喜んだという光秀の武将としての心がけを賞賛しているが、ここでは反対に大将としての器量が疑われる事態になっている。

『豊内記』で記されたような周の武王に自分をなぞらえた話も組み込まれ、光秀の小者ぶりが強調され、『太閤記』では京都の人が愛想を尽かせる展開がよりわかりやすいものになっている。

しかし、いずれも京都の町衆が本能寺の変の後、出陣を前にした光秀に礼に行き、そこでのやりとりで光秀の人柄が判定されている。

『豊内記』や『義残後覚』では、地子免除はあくまでも付け足しだったこともあり、秀吉を主人公として功績を讃える『太閤記』では省略されてしまっている。

変容する話

『義残後覚』が一六世紀末頃に、巷間の多様な情報をもとに「豊臣秀次周辺の御伽衆ともいわれる愚軒」が編纂した「武辺咄や奇談をよろこぶ戦国時代の伽・咄の雰囲気」を伝えるもの〔堤邦彦　二〇〇四〕だとすれば、当初は武士の心がけを示すエピソードとして、こうした話題が武士達の間で話されていたのだろう。

一方で、光秀が討たれた際、すでに「天罰眼前《てんばつがんぜん》の由《よし》、流布《るふ》しおわんぬ」といい（『兼見卿記』天正一〇年六月一三日条）、光秀を揶揄する落書もあった（『惟任退治記《これとうたいじき》』）というから、京童たちは容赦なく敗者の光秀をこき下ろしたようだ。

光秀の評判も、次第に武士たちの手を離れ、一七世紀になると光秀の小者ぶりを強調する誇張された話となり、巷間に広まっていったのだろう。そんななかで、光秀が京の町人が持参した粽を皮もむかずに食べ、町人たちに見離されたという粗忽さが強調されていく。

『豊内記』になると、自らを周の武王になぞらえた光秀の尊大さを中心にしたエピソードに変容する。ただ、京の人びとは「片腹痛キ」と思いつつも「地子ヲ許ストノ嬉シサニ万歳ト祝イテ賀シ」ている。京の町人たちのしたたかさも描かれるとともに、「京中ノ屋地子無キハ明智日向守カ恩」と「恩」への感謝は示しており、光秀をこき下ろしているわけではない。これが、『太閤記』では、「唯急《ただいそ》ぎ帰るにしくはなしとて、あしばやに帰京したり」と京の町衆に光秀が見離された話になってしまっている。

いわば光秀像が武士たちの間で武人としても評価されていたのに対し、巷間では小者ぶりが強調されていく。光秀像は、次第に分裂していったのである。

『義残後覚』の武人としてのたしなみを語る武辺咄《ぶへんばなし》にせよ、粽を皮もむかずに食べたなどという話にせよ、事実ではないだろう。なぜなら、すでに確認したように、六月九日の西国出陣前の慌ただしいなかにあっては、光秀が町人たちの礼を受けるような余裕はなかったはずだからである。

ただ、こうした話は一種の世間話である雑談《ぞうだん》として人びとの間で語られていたものであろう。冗談という言葉は雑談から来ているといったのは柳田国男である〔柳田国男 一九六八〕。雑談では時として、話を〝盛る〟ことは珍しくない。そうして話は、多様な異伝《バリアント》を生み出しながら拡散をしていっただろう。同時代の噂や一種のゴシップであるから、悪意のある事実の改竄というよりも、面白い話としてウソも含めて鑑賞されたはずである。

一人歩きする地子免除

とはいえ、こうした話が面白い噂話として受容されるのは、明智光秀が、それなりに身近に感じられた一七世紀初頭までのことであろう。次第にこうしたネタとしての部分が後景に退き、本来は付け足しにすぎなかった地子免除が一人歩きするようになっていった。

実際に上下京の地子免除をしたのは、豊臣秀吉だった。しかし、都市改造や繰り返される土木工事による過重な負担などから、秀吉は京都の人びとからの支持を失っていた〔河内将芳 二〇一六〕。そこで想起されたのが、秀吉よりも前に光秀が地子免除をしたという話であったのだろう。

近世都市としての京都が発展していくなかで、人びとの間で特権としての地子免除が意識されるようになった時、原初となる過去が振り返られる。しかし、京都の繁栄と豊臣政権を結びつけることが難しくなった時、それ以前にさかのぼって起源が求められていく。すでに流布していた光秀の話題から、「地子免除」だけが抜き取られて再生産された。

この地子免除の評価について、面白いのが近江の地誌『淡海録《おうみろく》』の記事である。ここでは、地子銭免除と五山への献金がセットになって、明智光秀は安土城の金銀を見て、欲に目がくらんでこんなことをした、と書かれている。軍略はすぐれていてもバカだという厳しい評価。つまり、安土で信長が集めた莫大な金銀を目にして金銭感覚が狂い、あとさき考えずに大盤振る舞いをしたという評価だ。

安土の莫大な財宝を見ても私物化しないで振る舞う光秀の無欲さを褒める史料もあるのだが、全く正反対の評価ということになる。これは、元禄という時代に書かれたということが理由だろう。右肩あがりの経済成長期から低成長の時代に移行し始め、藩財政についても節約を考え始める時期である。そんな時代になってみれば、地子銭免除のように収入を未来永劫にわたって失う施策や、莫大な金銭の寄附などは、一部の人には愚策にしか見えなかったのだろう。

とはいえ、地子免除の恩恵を受けている京都の人びとの間では、こうした光秀評価は定着しなかったようだ。

雑談から「歴史」へ

一七世紀をつうじて、光秀による京都地子免除の話は徐々に浸透していき、冒頭に見たような名君としての光秀像が拡大していく。元禄一五年（一七〇二）に刊行された『明智軍記』のような、明智光秀を主人公とした軍記物語の影響も大きかっただろう。『明智軍記』では、洛中の地子銭免除を聞いた天皇は、「古《いにし》ヘヨリ無之処《これなきところ》ニ、珍敷沙汰《めずらしき》ヲイタシケル者哉《ものかな》」との言葉をかけ、光秀は「辱《かたじけな》ク」感じたと記す。しかし、たとえ洛中の地子銭免除が事実だったとしても、そんなことはありえなかった。地子を免除した分の代替地がなければ、朝廷や公家にとっても経済的な打撃は大きく、「珍敷沙汰」などとのんきなことはいっていられなかったからだ。

そういう意味では、地子銭免除が当たり前になるとともに、公家や朝廷の所領が安堵されて、一定の経済基盤が確保された近世に創作されたエピソードであることを示唆していよう。宝暦一二年（一七六二）に刊行された京都地誌『京町鑑《きょうまちかがみ》』では、「洛中地子銭免許」という項が立てられ、京都の地子銭をめぐる歴史が略述されている。そこには、その始まりとして、「天正十年明智日向守光秀上下京地子を永代赦免《えいたいしゃめん》せられき」と書かれている。官撰《かんせん》の史書や武家の家譜だけではなく、こうした民間刊行の地誌類でも書かれているわけだから、広く共有されていた認識といっていいだろう。

京都の人びとが、自らの都市としてのルーツを振り返ったとき、出発点として想起されたのは「地子免除」だった。そして、それをもたらしたのが明智光秀だったと考えられたのである。

近世京都の濫觴《らんしょう》として理解されていたのは、平安遷都をした桓武天皇でも、都市改造をして近世京都の基礎を築いた豊臣秀吉でもなかったのである。

第二章

史料に見える明智光秀の最期

「山城《やましろ》小栗栖《おぐるす》月《つき》」

　最後の浮世絵師と呼ばれる月岡芳年《つきおかよしとし》による錦絵に、「月百姿《つきひゃくし》」という月を題材にしたシリーズ物がある。一八八五年（明治一八）から、八年かけて出された作品で、芳年の代表作のひとつともいわれている。

　そのなかに、「山城小栗栖月」と題した作品がある。これは一八八六年（明治一九）に発表されたものだ。手前には、裸足で藍染めの粗末な着物を着て、腰に鎌を差した鉢巻き姿の男性が、竹槍を手にして立っている。竹藪に潜み息を殺している男の視線の先には、一三日の月の明かりに照らされて近づいてくる騎馬武者の姿がある。

月岡芳年「月百姿」より「山城小栗栖月」（国立国会図書館蔵）

　竹槍を構えて鎧武者の接近を待ち構えている男の姿勢には、緊張感が漲《みなぎ》っている。一方で、騎上の武者は冷たい月の明かりに照らされながら近づいてくるが、藪の中にいる男には気づいていない。一瞬の緊張と静寂をとらえた作品である。

　この直後に起こるであろう事は、もう誰もが知っている。鎧兜に身を包んだ武将は山崎から夜陰に紛れて逃れてきた明智光秀であり、彼はこの小栗栖で命を落とすことになる。

一般的に明智光秀は、山崎から夜陰に紛れて逃走している途中、小栗栖にさしかかったところで、落武者狩りの百姓によって竹槍で突かれて死んだとされている。

想起される光秀の最期

こうした明智光秀の最期の場面は、一九〇二年（明治三五）の『改訂中学校用国史教科書 下』（三省堂、一九〇二年）でも、「小栗栖にて土民《どみん》に殺されたり」としているから、よく知られたものだった。月岡芳年の浮世絵だけではなく、教科書や書物、そして芝居などでも、繰り返し小栗栖で光秀が討たれる場面が描かれた。明智光秀の最期といえば、多くの人が想起するのがこうしたイメージであろう。

それどころか、歴史研究者の文章でも同じようなイメージで語られていることがある。例えば、今なお高く評価されている、高柳《たかやなぎ》光寿《みつとし》による明智光秀の古典的な評伝のなかでも、光秀の最期について「小栗栖に出たところを土民に襲撃された」と同様の記述をしている〔高柳光寿 一九五八〕。

さらにいえば、光秀の致命傷は「竹槍」で負ったとされていることも多いようだ。大河ドラマの時代考証でも知られる、戦国史研究者の小和田《おわだ》哲男《てつお》による最新の明智光秀の評伝でも、

「小栗栖（京都市伏見区小栗栖）で、落武者狩りをしていた百姓のくり出した竹槍で討たれてしまう」〔小和田哲男 二〇一九〕とする。

「小栗栖」の地で百姓に「竹槍」で討たれたという認識は、広く流布している。こうしたイメージは一般のみならず、研究者にも共有されている強固なイメージだということができるだろう。

しかし、これは本当なのだろうか。同時代史料に見える明智光秀の最期が、どのようなものかを最初に確認しておくことにしよう。

史料に見る明智光秀の死

山崎の合戦で手痛い敗北をした明智光秀は、夜陰に乗じて勝龍寺城を脱し坂本城へと向かったが、その途中で六月一三日の夜に光秀は落命する。もっとも光秀の死が判明するのはもう少し後のことであった。

六月一三日、吉田兼和は申の刻（午後四時頃）に山崎方面から鉄砲の音を聞いている。戦闘が始まったようで、銃声は数時間にわたって止まなかった。その後、吉田の屋敷近くでも「敗北《はいぼく》の体《てい》」の「落武者数輩」を見かけて、戦いの帰趨《きすう》が決したことを知った。

落武者は、白川一条方面へ向かっていたというから、北白川から山中越えを経るか、一乗寺から白鳥越《しらとりご》えを経由して坂本城へと急いでいたのだろう。この落武者は、敗走の途中で「一揆」に襲われ、次々と討ち取られたり、「剥取《はぎと》」られたりしていた（『兼見卿記』天正一〇年六月一三日条）。

兼和がいた吉田神社も、山中越えの道筋に近接している。『天正十年夏記』という史料には「吉田まへ其外にけのき申者《もうすもの》、正躰《しょうたい》もなき」とあるから、兼和も這々《ほうほう》の体《てい》で逃げる幾人もの落武者を、実際に目の当たりにしていたはずだ。兼和は落人が屋敷に来るのを警戒し、門を厳重に閉ざしていたという。

そうこうするうちに、京都から明智光秀の「敗軍」の知らせが来た。この時点では、光秀は勝龍寺に撤退し、二万余の軍勢に包囲されているという噂を聞いている（『兼見卿記』天正一〇年六月一三日条）。

翌一四日になって、兼和は昨夜「向州《明智光秀》勝龍寺を退散す」と知る。しかし、「いまだ落所を聞かず」（『兼見卿記』天正一〇年六月一四日条）というから、光秀の行方は判明していなかったようだ。一五日、安土城が放火されたことを聞く。今後の保護を求めてか、兼和は草津にいる織田信孝のもとへ使者を派遣している。織田信孝は信長の三男で、豊臣秀吉軍と尼崎《あまがさき》で合流し、山崎の合戦では総大将となっていた。使者は、織田信孝と「入魂《じっこん》」の息子兼治《かねはる》であった。

兼和は日記に「向州（明智光秀）醍醐の辺において一揆討取る、其の頸《くび》を村井清三、三七郎殿（織田信孝）へ持参せしむと云々《うんぬん》」と記した（『兼見卿記』天正一〇年六月一四日条）。この日、明智光秀が討ち取られたことを知ったようだ。村井清三によって、光秀の首が織田信孝のもとに届けられたという。この情報は、織田信孝のもとで息子の吉田兼治が聞いてきたのだろう。兼治は「申下《さるのげ》刻《こく》」（午後五時頃）に帰ってきたが、道中での見聞から「光秀の敗北は間違いないようだ」（「向州事秘（必）定也」）と父に告げている。

一六日には、本能寺に光秀の首と胴体が曝《さら》され、翌日には京都の治安が回復し「洛中洛外安堵しおわんぬ」という。

吉田兼和は、刻一刻と状況が変化するなかで、情報を集めて慎重に対応をしている。彼は光秀と親密だっただけに、舵取りを一つでも間違えば自分の身も危ないと思っていたのかもしれない。伝聞情報も含まれてはいるが、こうしたリアルタイムで記録されたものこそが、もっとも信頼に足る史料といえるだろう。

光秀最期の地は

光秀の最期について、信頼しうる同時代の史料にはどのように記されているであろうか。

ここまで見てきた吉田兼和の日記では、「醍醐《だいご》」で「一揆」によって討ち取られたと記していた。
大和（現在の奈良県）の『蓮成院記録《れんじょういんきろく》』では「上ノ醍醐ニテ生害《しょうがい》とうんぬん」とあり、上醍醐での最期を伝えている。公家の山科言経《やましなときつね》も「惟任日向守（明智光秀）、醍醐辺ニ牢籠《ろうろう》、則郷人一揆トシテこれを打つ」（『言経卿記』天正一〇年六月一五日条）とする。光秀は「醍醐」あたりに隠れていたところを討たれたということになる。光秀と親交のあった吉田兼和も、先ほど見たように「醍醐」で「一揆」に討たれたと日記に記していた（『兼見卿記』天正一〇年六月一五日条）。ここでも、光秀終焉の地とされているのは「醍醐」だ。醍醐といえば醍醐寺が有名だが、現在の行政区でいえば伏見区の北部あたりになる。

青蓮院《しょうれんいん》門跡の記録『華頂要略《かちょうようりゃく》』を見れば、天正一〇（一五八二）年六月十九日に「醍醐に行き光秀以下二千余の頸見物せしむ」とあり、時の門主尊朝法親王《そんちょうほっしんのう》は光秀らの「頸」を見物に行っていることがわかる。どうやら、その行き先も「醍醐」だったようだ。

僧侶が光秀ら戦死者の遺体を見物に行くとは、かなり悪趣味といえるが、この尊朝法親王は天台座主も勤めていた。比叡山焼き討ちの後で、信長へ抵抗したことを責められて天台座主を退いた覚恕法親王《かくじょほっしんのう》の後任である。明智光秀は、比叡山焼き討ちにあたっては、宇佐山城主として参戦して重要な役割を果たしていた。のみならず、京都の延暦寺関係者の所領を信長から恩賞として与えられると、青蓮院・妙法院・曼殊院《まんしゅいん》などの諸門跡領も山門領だとして強引に奪っている。青蓮院門跡の尊朝法親王にすれば、明智光秀は憎き敵であったに違いない。醍醐まで足を運んで累々たる光秀軍の屍《しかばね》を見て溜飲《りゅういん》を下げたのだろうか。

わざわざ彼が訪れた場所が醍醐であったということは、そこに行けば「光秀以下」の首があると考えたからであろう。

山科《やましな》・醍醐《だいご》・勧修寺《かんしゅうじ》――錯綜する最期の地――

一方で、光秀最期の地を「醍醐」としない史料も多い。大和の多聞院英俊《たもんいんえいしゅん》による『多聞院日記』には、六月一七日に「山階《やましな》ニテ一揆ニタ、キ殺《ころし》了《おわんぬ》、首モムクロモ京へ引《ひき》了《おわんぬ》」とある。『天正日記』でも同じで「山科ニテ一揆ノ手へこれを討ち捕《と》ら」とする（『大日本史料』第一一編之一）。場所は「山科」で、光秀を殺したのは「一揆」である。

豊臣秀吉は山崎の合戦後、信長死後の主導権争いを有利に進めるために、各地の信長家臣に書状を発して戦勝を報告していく。六月一九日に美濃国（現在の岐阜県）の武将高木貞久《たかぎさだひさ》に宛てた書状では「明智首相尋《あいたずね》候の処ニ、山科藪中かくれ居候《おりそうろう》の処、百姓首を切捨て置き候処、見出《みいだ》し候事」とある（『豊臣秀吉文書集』四三六号）。六月二六日の瀧川一益《たきかわかずます》宛書状では「山科の藪の中ニかゞミ居《おり》候を、百姓明智首を切て溝ニ捨て置き候を見出し候」（『豊臣秀吉文書集』四四四号）。織田信長の葬儀をすませて間もない、一〇月一八日の書状では、「明知《(智)》め山科の藪の中へ北入《にげいり》、百姓ニ首をひろはれ候事」とする（『豊臣秀吉文書集』五一二号）。

つまり、これらの史料によれば、最期の場所は「山科」であったということになる。現在、京都市東部の山科盆地あたりが山科区という行政区になっているが、当時の「山科」といえば、もう少し狭い。中世に山科七郷と呼ばれていた地域で、現在の山科区北・中部の一帯を指す。伏見区北部にあたる醍醐よりも北になる。

織田信長・豊臣秀吉に仕えた太田《おおた》牛一《ぎゅういち》が慶長五〜一〇年（一六〇〇〜〇五）頃に記したとされる『大かうさまくんきのうち』には、「醍醐・山科辺の百姓ども、落人と見および、棒打ちに討ちとめ候ひき」とする。ここでは「醍醐・山科辺」と広い範囲が示される。

武家伝奏をつとめ、朝廷と武家の間で奔走をした公家の勧修寺《かじゅうじ》晴豊《はるとよ》は、「明智くび勧修寺在所にて百性取り候て出申し候」と伝えている。ここでは、山科七郷でも醍醐でもなく、近くの勧修寺村ということになる。

これらの史料が伝えるのは、光秀の最期の場所は、現在の山科区から伏見区北東部にあたるエリアのどこかであったということである。だが、その場所は一致していない。

「ひろい首」

六月一三日の光秀落命から間もなく書かれた記録類では、その最期の地について、情報が錯綜していたことがうかがえよう。その理由はなぜか。

ここで注意しておく必要があるのは、秀吉が光秀は「百姓ニ首をひろはれ」(『豊臣秀吉文書集』五一二号)と記しているように、光秀の首が「ひろい首」であったことである。「ひろい首」とは、戦場での戦闘で討ち取られたものではなく、戦死者の首を第三者が取って届けたものをいう。

秀吉は、光秀について「百姓首を切り捨て置き候処、見出し候事」(『豊臣秀吉文書集』四三六号)とし、「百姓明智首を切て溝ニ捨て置き候を見出し候」(『豊臣秀吉文書集』四四四号)という。記述を信じるなら、首を切った人物とそれを発出した人物は別ということになるだろう。まさに、「ひろい首」である。

前述したように、そもそも敗走する光秀軍は大混乱で、いくつものルートに分かれて坂本城を目指していた。本能寺の変が起こった天正一〇年(一五八二)に、豊臣秀吉の御伽衆であった大村由己《おおむらゆうこ》によって書かれた『惟任退治記《これとうたいじき》』には、「山科・醍醐・相坂、又吉田・白河・山中、其の辺方方において、打ち取る首数を知らず」とあるから、敗走する光秀軍はバラバラになって坂本城を目指していたようだ。山崎から東山山脈の東側にあたる山科・醍醐を経由しようとした者と、吉田から山中越えで坂本を目指す者がいた。だが、いずれも少なからぬ者が逃げおおせることなく、命を落としたようである。

小和田哲男によれば、山崎の合戦の時点で、光秀方の軍勢は一万程度だったのではなかったかという（小和田哲男　二〇一九）。これだけの兵士が敗走し、各地で次々と討たれていったことになる。

厖大《ぼうだい》な首のなかから

首の見物に行った青蓮院の尊朝法親王は、醍醐で「二千余」もの首を見たという。醍醐以外で討ち取られた者も少なくなかっただろうから、秀吉のもとに届いた首は「数を知らず」というのも本当だろう。

なかには、とにかく首を届けようという一心から、「村々に来て、その一村で三十三人を見つけると、そのうち三十人の首を刎《は》ね」て届けたという、とんでもない「殿」さえいたというから（『完訳フロイス日本史3　安土城と本能寺の変』）、恩賞目当てに届けられた無関係の首も少なくなかったと思われる。

ルイス・フロイスは、本能寺に「初回分としてだけで一千以上の首級がもたらされ」、「短期間に二千を超えるまでになった」と伝えている（『完訳フロイス日本史3　安土城と本能寺の変』）。夏の頃でもあり、京では「堪えがたい悪臭」で修道院の窓を開けていられなかったという。

そんななかで、秀吉はあちこちから届けられた厖大な数の首を「点検」していた。『惟任退治記』では「其の中に惟任《明智光秀》の首有り」と記している。つまり、そうして届けられた数千もの首のなかから、秀吉は「惟任《これとう》」すなわち明智光秀のものを見出したということになる。

『豊鑑《とよかがみ》』の記述

豊臣秀吉に仕えていた竹中半兵衛重治《たけなかはんべえしげはる》の嫡子である竹中重門《しげかど》が、死の直前となる寛永八年（一六三一）に書いた豊臣秀吉の伝記に『豊鑑』という作品がある。同時代史料というわけでもなく、史料として扱うには慎重を要するものであるし、重門は天正元年（一五七三）生まれなので、本能寺の変の当時はわずかに一〇歳。だから、本人の見聞というわけでもない。

そういった点を考慮する必要があるが、若い頃から秀吉の側に仕えていた者の記録であるから、それなりに信頼しうる部分もあるとされている〔谷口克広　二〇〇七〕。そこで、次の記述をご覧いただきたい。

小栗栖の里人明知《(ママ)》光秀が首を持きたり。如何《いか》にしてかくぞと問給《といたま》へば。今朝里人の外に出。落人ありやと方々見廻しに。藪くろにして首を見つけぬ。物につゝみし様いかさま常の人にはあらじと思ひ。彼是《かれこれ》見し程に。中に見知りたるもの有て。是なんといへば。いそぎ持来ぬと答ぬ。

光秀が討たれた場所を同時代史料に見えない「小栗栖」としているところからも、この記述に全幅の信頼は置きかねる。ただ、里人が朝になって見つけた首を届けたということ、首は物に包まれていて、ただならぬ様子であったことから、光秀の首であることがわかったという。こうした点は、「ひろい首」といわれていた事情を想像するうえでの、手がかりにはなるかもしれない。

宣教師の伝聞

キリスト教宣教師は、これとは違う噂を聞いていた。フロイスの『日本史』によれば、光秀は農民に金品を渡して坂本城への逃走を助けてくれるよう頼んだが、「刀剣も取りあげてしまいたい欲に駆られ、彼を刺殺し首を刎ねたが、それを三七殿に差し出す勇気がなかったので、別の男がそれを彼に提出した」とあった。

ここでは、一揆の襲撃によるものではなく、「欲」に目がくらんだ農民による殺害とされていて、大きく印象は異なる。だが、光秀を殺害した者と、首を届けた人物が別だという点では一致している。

これらの情報が、どれほど正確なものか明らかではない伝聞によるものには違いない。とはいえ、光秀の死から間もない時期に、光秀を討った者とは別の人間によって、首が届けられたという噂が広まっていたことは事実なのだろう。

多数の首が、醍醐や山科、そして勧修寺など各方面からいくつも届けられていた。恐らくは、正規の戦闘行為ではなく、敗走する明智軍に対して、各地で加えられた非正規兵力による攻撃のなかで討ち取られた多数の首のなかに、明智光秀のものが含まれていたというのが真相なのであろう。

しかも、光秀の首は討ち取った者ではなく、何らかの事情で第三者によって届けられたものだった。だから、明智光秀が、いつ・どこで・どのような最期を迎えたのかは、すでに誰にも明らかにはできなかったのではないだろうか。

秀吉のイメージ戦略

信長の後継者争いを優位に進めるためにも、秀吉にとっては信長の弔い合戦であった正規戦のなかで、光秀を討ち取るのが理想的な展開であった。しかし、事実はそうではなかった。

秀吉は後に、自身の功績を新作能に仕立てて演じさせるようになる。こうして作られた一連の作品を「太閤能《たいこうのう》」と呼ぶが、そのなかに、山崎の合戦を主題とした修羅能『明智討』がある。

御伽衆の大村由己による作品であるが、淀・鳥羽へと逃げる光秀に追いついた秀吉が、自身の手で光秀を討ち取ったように改変しているのである。能としての構成の関係もあるだろうが〔天野文雄　一九九七〕、織田信長の後継者としての正当性を主張するためにも、秀吉は自身の手で主君の敵を討ち取ったようにする必要があったのだ。

こうした太閤能が繰り返し上演されていれば、あるいは秀吉自身が明智を討ったというイメージが定着していったかもしれないが、上演は文禄三年（一五九四）三月一五日の大坂城での秀吉自身によるものと、四月一二日の禁中能の二回のみであった〔天野文雄　一九九七〕。演能をとおして秀吉が光秀を討ち取ったという宣伝は、うまくいかなかった。

そこで、秀吉は光秀が戦闘のなかで討ち取られたのではなく、敗走中に人知れず討ち取られ、無関係な者に首を拾われたという、惨めさを強調していくことになる。

フロイスが伝えるように、こうした死は「身分ある者が名誉のために行う切腹をするための時間すらも持ち得ず、貧しく賤しい農夫の手にかかり、不名誉きわまりなる死に方をした」と受けとめられた。秀吉は自らの勝利を強調するために、光秀の最期がいかに「惨めな」ものであったかを発信することに力を入れたのであろう。そうした意図もあって、討ち取った人物は武士などではなく、「貧しく賤しい農夫」であったという印象づけが強く行われていったと思われる。

首の行方

秀吉のもとに届けられた光秀の首と胴体は、本能寺に曝された（『兼見卿記』天正一〇年六月一六日条、「天正十年夏記」天正一〇年六月一五日条）。その後は胴と首を繋いで「市外」で磔刑《たっけい》にされたという（『日本耶蘇会年報』）。梟首《きょうしゅ》が行われた場所は、京都の東の玄関口にあたる粟田口であった。

「日向守（明智光秀）・斎藤内蔵助（斎藤利三）、頸塚を粟田口の東□□（路次）の北に築くとうんぬん、廿《にじゅう》二日よりこれを築くとうんぬん」とあるから（『兼見卿記』天正一〇年六月二三日条）、六月二二日には重臣の斎藤利三と明智光秀の首塚が築かれていたようである。『言経卿記』天正一〇年七月二日条では、「粟田口」に「明智日向守首ムクロ等」を磔《はりつけ》にかけ、「同所ニ首塚ヲ築かれおわんぬ」とあるから、磔刑が行われた場所と「首塚」の場所は、ほとんど同じであったということがわかる。なお、同史料には、光秀の首のみならず「其外首三千余」が曝されていたとある。これらの首も一緒に塚には埋められたかもしれない。

清水克行は、豊臣秀吉の刑執行は懲戒主義で、都市民衆への「見せしめ」として、目に付きやすい場所で行われていたという（清水克行 二〇〇四）。豊臣秀次が謀叛を疑われ切腹をさせられた事件の後で三条河原につくられた「畜生塚《ちくしょうづか》」や、大仏前の「耳塚」のように、交通量が多く人目に付きやすい場所に巨大な塚を築くのは、「見せしめ」の意味もあっただろう。

明智光秀の首塚が粟田口に築かれた際も、戦果をアピールするとともに、「見せしめ」として、やはり目立つ場所に大きな塚が造られたと考えられる。

六月二九日には、福知山城で生け捕りになった、光秀重臣の明智秀満の父が「粟田口の東、頸塚《くびづか》の辺ニ於《おい》テ生ナカラハツケニカヽル」と見える（『兼見卿記』天正一〇年六月二九日条）。首塚の前は、明智光秀にかかわった人物の「見せしめ」の場として機能していたといえようか。

なお、貞享二年（一六八五）の序文がある『日次紀事《ひなみきじ》』を見ると、粟田口には「塔」があったと記されているので、いつの頃かは明らかではないが、明智光秀の首塚には供養塔のようなものが建てられていたようである。

後方遮断の武力としての「一揆」

ここまで見てきたように、同時代史料が語るのは山科か醍醐において、「一揆」によって討たれたというものである。

「一揆」というと、竹槍《たけやり》蓆旗《むしろばた》の百姓による集団行動というイメージが濃厚ではある。しかし、江戸時代の一揆で竹槍を持ちだすことはなく、こうした一揆像は近代につくられたものだとされている〔若尾政希　二〇一八〕。また、近世には「一揆」といった文言はほとんど登場せず、「徒党」「強訴」などの言葉で表現されていた〔保坂智　二〇〇二〕。

ここでいう中世の「一揆」とは、複数の村落共同体が一つに結びついた行動をする集団のことである。中世には「一揆」が共通の目的達成のために、組織的な軍事行動をとることも珍しいことではなかった〔勝俣鎮夫　一九八二〕。

戦国時代の村の百姓たちは武装しており、自衛や、水や山など農業資源をめぐる村落間での戦闘行為は多かった。こうした村の武力は、時に合戦の際には、作戦の一環として後方遮断などに好条件で動員されることもあったという〔藤木久志　一九九七〕。光秀が討たれたとされている醍醐や山科なども、たとえば永享六年（一四三四）一〇月に比叡山延暦寺が強訴をした際にも「当所　并《ならびに》　山科辺土民等、便宜の所へ罷《まか》り出《い》で、東口へ落ち行く山徒等の者打ち留め、具足等ヲモハキ取り候べキ由」が検討され、幕府から下知があった。室町幕府は、「土民」を動員しての討ち取りや剥ぎ取り行為も、退路遮断の戦術として採用していたのである（『満済准后日記』永享六年一〇月二日条）。

中世日本史研究者の藤木久志によれば、明智光秀を討ったという「一揆」もまた、村の武力動員のことにほかならず、「土民の卑劣な夜盗行為などではなく」て「主戦場と連携し後方遮断と地域防衛を任務とする、公然たる『村の武力』の発動であった」とする〔藤木久志　一九九七〕。

つまり、敗走する明智軍の兵士を山科や醍醐、あるいは吉田・白川で討ったのは、豊臣秀吉に呼応して、退路を断つために連携して武力を発動させた村々だったのである。

竹槍による死

次は、光秀が討たれた際の武器についてである。竹槍という武器自体は、戦国時代にもあったようだ。一六〇三年にイエズス会によって編纂・刊行された日本語辞書の『日葡辞書《にっぽじしょ》』にさえ、「竹で作った、鉄の穂先のない槍」として「Taqeyari」の語が掲載されている。廉価で簡易な武器として、それなりにポピュラーなものではあったのだろう。

だが、戦国時代は百姓といえども武器を持っていたから、当時の「一揆」といえば武装していたはずである。もちろん、竹槍などではなくホンモノの鑓がちゃんとあった。

光秀に死をもたらした武器として、竹槍が登場するのは、『近江輿地志略《おうみよちしりゃく》』が比較的早いものであろうか。

ここには、「小栗栖の里を過《すぎ》けるに、郷民竹槍を以て、竹垣を隔て突けるに」と見えている。これに続けて、「古昔より主を弑し、親を殺すもの、天罰を蒙らずといふ事なり、天、郷民の手をかれるのみ」として、光秀の死を天罰であると評している。『近江輿地志略』は、享保一九年（一七三四）に完成した近江の地誌である。著者は膳所《ぜぜ》藩士で国学者の寒川辰清《さがわたつきよ》。膳所藩の命によって編纂された地誌であるからか、主君を討った光秀に対しては批判的な立場で書かれている。天に代わって郷民が与えた罰だから、郷民の「竹槍」による死を不名誉なものとしたのであろう。

こうした「竹槍」による死のイメージが定着するにあたって、決定的な役割を果たしたと思われるのは、寛政一一年（一七九九）の浄瑠璃『絵本太巧記《えほんたいこうき》』など演劇の影響である。『絵本太巧記』には、「ぐつと突込《つきこむ》猪突鎗《いづきやり》。驚きながら切払ふ間もなく突出す竹槍の。穂先は風のしの薄《すすき》」といった場面が出てくる。

江戸時代になり、次第に百姓が鎗を手にしているような場面が想像できないようになる。そこで、百姓が馬上の武士を突く武器として真っ先に想起されたのが竹槍だったから、こうした演出になっていったのだろう。

つまり、冒頭の月岡芳年が描いた「山城小栗栖月」のように、腰に鎌をさしたような軽装の百姓、あるいは野武士、野盗などの竹槍で、光秀が討たれたという一般的なイメージは、近世以降に作られたものだ。戦国の実態には相当の乖離《かいり》があるということになろう。

第三章

小栗栖と光秀

小栗栖の光秀譚

光秀最期の地として「小栗栖」という地名は、同時代の史料に全く出てこなかった。同時代史料を見る限り、明智光秀が小栗栖で討たれたということは難しい。にもかかわらず、一般的には光秀は小栗栖で死んだといわれている。こうした解釈が、研究者による書物にさえ繰り返し書かれていることについても、前章に見たとおりである。

そう思いこませる理由のひとつは、現在の小栗栖に光秀最期の地といわれている場所が存在することにもありそうだ。例えば『洛東探訪』という本を見ると、光秀が小栗栖であえない最期をとげたと記した後に、「現在も明智藪《あけちやぶ》といわれる場所があり、往時を偲《しの》ばせてくれる」とある〔後藤靖・田端泰子編　一九九二〕。

光秀が討たれたといわれてきた小栗栖の地には、現在も光秀が鎗で突かれた場所とされる「明智藪」がある。さらに一キロほど北に行くと、光秀の遺骸を埋めたとされる「胴塚《どうづか》」もある。その北にある貯水池には、光秀の乗馬を埋めたとされる「馬塚」もあったらしい〔小栗栖自治会　二〇一六〕。こうした史跡を見れば、確かに本当かもしれないと思ってしまう。それでは、こうした伝承はいつから語られているのだろうか。

『拾遺《しゅうい》都名所図会《みやこめいしょずえ》』の記事

胴塚や馬塚は近世の文献で確認することができないが、「明智藪」については、天明七年（一七八七）に刊行の『拾遺都名所図会』に見えている。この書物は『都名所図会』の続編として刊行された絵入りの京都地誌で、ベストセラーになったものだから影響力も大きかった。

ここには、「明智光秀亡滅旧跡《あけちみつひでぼうめつのきゅうせき》」が絵とともに掲載され、そこには次のような説明がされている。

光秀が竹鎗にて亡《ころ》されし藪ハ南小栗栖法華《ほっけ》檀林《だんりん》の側にあり、此藪《このやぶ》を伝領したる土民災ありとて、今ハ此寺へ奇附したるとなん、惣して此藪の竹の色一片ハ濃く、一片ハ薄黄にして嶋筋《しますじ》の如し、これ其《その》霊のとゞまるしるしなるか

小栗栖には、光秀が致命傷を負った場所という藪があったが、その地を所持するとよくないこと

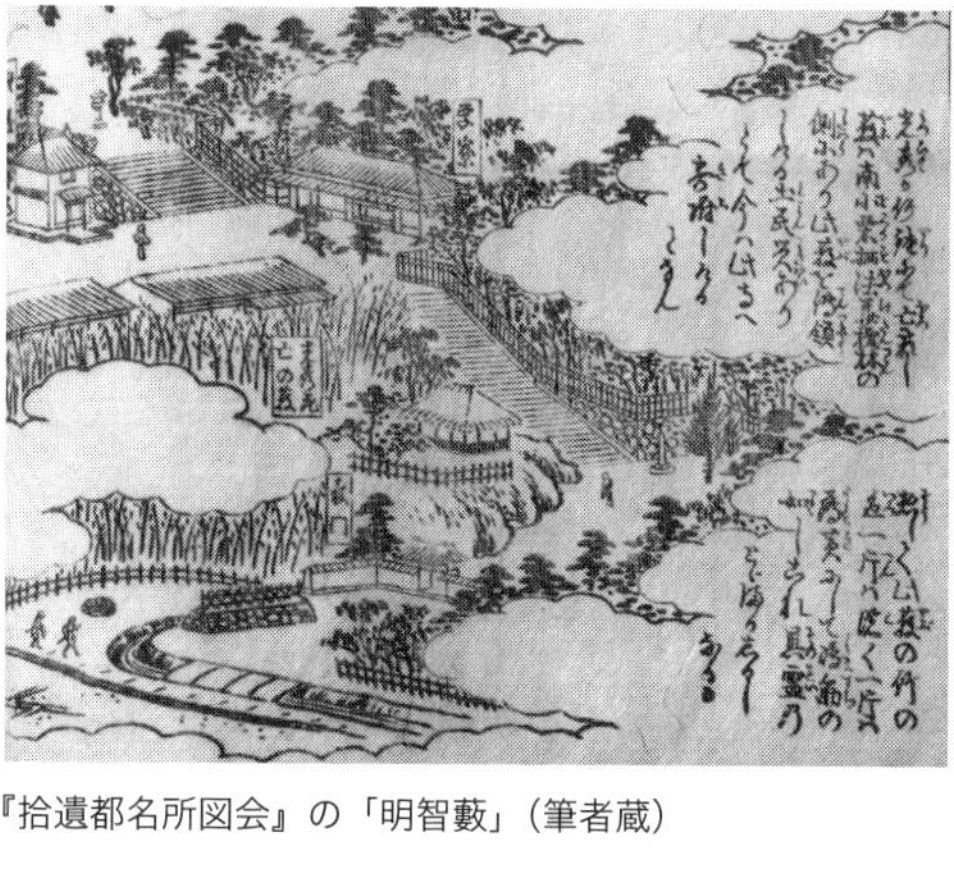

『拾遺都名所図会』の「明智藪」（筆者蔵）

が起こるので、寺に寄進されたのだという。藪に生える竹の葉には、他の竹には見られない縞のような濃淡があるという。こうした不思議な現象は、光秀の霊がここにとどまっているからではないかといわれていたらしい。

同時代史料には、光秀が小栗栖で死んだとは一言も書かれていない。にもかかわらず、近世の小栗栖にはいつの頃か「往時を偲ばせる」ような史跡が生まれ、光秀の最期にかかわる伝承が語られるようになっていたのである。

「最期の地」小栗栖の登場

同時代の史料には光秀最期の地は、山科・醍醐などとあった。小栗栖とは、山科よりは南、醍醐よりは西にあたる。遠く離れているわけではないが、同じ場所とはいえない。

それでは光秀最期の地として、小栗栖という地名が見えるようになるのは、いつからだろうか。比較的早くに小栗栖の地名が出てくるのが、太田牛一が慶長一四年（一六〇九）にまとめた『太田《おおた》牛一《ぎゅういち》旧記《きゅうき》』である。ここには、次のような記事が出ている。

> 坂本の居城を心かけ罷退《まかりのき》、伏見より二十町北山ぞひに、おごろすとて小里有、下ハ平田也、其の上に小藪あり、落人共あまた通《とおる》の由百姓共承《うけたまわ》り、ほそ道の上小藪に、がめつきやりとてさび朽たるやりを以て、馬乗十騎計《ばかり》のりつれて行く処を、くらきハ

> くらし、雨ハ降り、虚空つきと云物ニ、誰共なく藪ごしに一やりつき候へバ、人多き中に天罰究、明智日向か骼《コシホネ》につきてあてたり、二三町計行き候て、馬よりおろしてくれ候へと申し候、如何ニと尋ね候へバ、手を負たると申し候、その時明智日向申す様に、馬の鞍に毛氈《もうせん》の鞍おゝい有り、明智か頸を取て、くらおゝいにつゝミて、智恩院《ちおんいん》へやり候てくれ候へと申候

坂本城へと落ちていく明智光秀が、伏見から「おごろす」という里に向かい、そこで「百姓」に鎗で刺されたと出てくる。光秀は、二、三町ほど進んだところで馬から降ろしてもらい、「首を取り、馬の鞍にかけている毛氈で包んで知恩院へ持って行ってくれ」と同行した人に頼んでいる。

百姓が藪の中で構えていたのは、「がめつきやり」と呼ばれるもので、錆てボロボロになっていた鎗だったという。「虚空つき」とあるから、夜のことでもあり、雨のなかで暗かったせいで狙いもさだめず、エイっとばかりに鎗を突き出したのだろう。それが光秀に刺さったということのようだ。

太田牛一による史料

『太田牛一旧記』（以下、『旧記』）では、明智光秀の最期の場面が、実に臨場感たっぷりに描

かれているのが印象的である。

この記録を残した太田牛一は、織田信長、さらに豊臣秀吉に仕えた武士である。彼の『信長公記』や『大かうさまくんきのうち』は、間近で見てきた人物自身の手によるドキュメンタリー作品〔藤本正行　二〇〇三　一八頁〕であり、信頼性が高いとされている。例えば、『信長公記』について金子拓は、「太田牛一が後世に編述した編纂史料であるとはいえ、信長の時期を知るうえで一次史料に準じる高い評価があたえられている史料である」〔金子拓　二〇一一　四八頁〕といっている。

とすれば、同じ太田牛一の自筆本として伝わる『旧記』もまた、それなりに信頼にたる史料とはいえる。しかしながら、『信長公記』や『大かうさまくんきのうち』には見えていない「おごろす」という地名が、ここだけに出ているのが少し気になるところではある。『信長公記』には光秀の最期の場面が書かれていないから措《お》くとしても、『大かうさまくんきのうち』では、同じ場面がこのように記されている。

> 坂本の居城を心がけ、まかりのき候を、醍醐・山科辺の百姓とも、落人と見および、棒打ちに討ちとめ候ひき、天罰とをからず、十二日めに、むげにあひ果て〔下略〕

同じ著者の文章だから、類似した表現が現れるのは当然としても、こちらの方が随分シンプルだということは確かだろう。この『大かうさまくんきのうち』という作品は、慶長五〜

一〇年（一六〇〇～一六〇五）の成立とされている。とすれば、『旧記』よりもいくらか先行する作品ということになる。

『大かうさまくんきのうち』と『旧記』では、書かれている内容が大きく異なるが、どちらも太田牛一の自筆である。だから、写本作成の過程で新しい情報が混入した可能性は考えられない。この記述の食い違いには、太田牛一自身の認識の変化が反映されているのだろうか。

太田牛一の記録執筆法

太田牛一は、先行する自著をもとにして、あれこれと要素を組み合わせて多様なテキストをつくっていたことが指摘されている。作品をつくるにあたって、複数の記事を適宜選び出しては年代順に配列して編纂する「一種のカードシステム」をとっていたといわれている〔藤本正行　二〇〇三　六〇頁〕。

だから、『信長公記』も複数種類が存在しているが、それらは次第に内容を増補していったものではないらしい。複数のバージョンを作成して、それぞれを補訂しているようで、決定稿のようなものは存在しないといわれている〔金子拓　二〇〇九〕。

とすれば、『旧記』は『大かうさまくんきのうち』を作成した際に利用した情報などをもとにしつつ、素材を取捨し、増補したりして、再編集したものということになる。その際に、新たに小栗栖の情報が追加されたのであろう。

そこで問題になるのが、増補された情報のソースと確かさということになろう。『旧記』を見れば明らかなように、その文章は明智光秀を討った百姓側の視点で書かれ、さらに、鎗で刺されてから二、三町先でなされた光秀の最期の言葉まで詳細に書き留めている。その場に太田牛一が居合わせていたはずもない。では、この情報はどうやって仕入れたのか。

太田牛一の情報源はどこか

『大かうさまくんきのうち』は、多くの部分がひらがなで書かれ、漢字にも振り仮名や濁点が振られていることから、「高貴な女性が音読して誰かに聞かせるため」に書かれたものだという指摘がある〔矢部健太郎 二〇一二〕。『旧記』は仮名書きというわけではないが、振り仮名や返り点、漢字に濁点など読みやすさの工夫はされている。『大かうさまくんきのうち』のように、貴人による受容を想定して書かれたものだとすれば、興味を惹くような手に汗握るシーンが追加されたのも、一種の読者サービスとして挿入された創作なのかもしれない。

だが、そうでない可能性も考えておく必要がある。太田牛一は、作品の執筆にあたって情報提供者からの取材をしているという〔藤本正行 二〇〇三 二四頁〕。そこで、注意を喚起しておきたいのが次の史料である。醍醐寺三宝院門跡《さんぼういんもんぜき》の義演《ぎえん》による日記の一節だ。

太田又助（牛一）来《きた》る、信長公以来、当御代《とうみよ》に至る記録これを書く、少々ハ暗誦《あんしよう》ノ躰《てい》也、（『義演准后日記』慶長三年三月一七日条）

つまり、慶長三年（一五九八）に太田牛一は、醍醐寺の義演のもとを訪れて、信長から「当御代」――つまり秀吉――の時代のできごとを記録していて、少しは暗誦していたというから、サワリの部分を義演に語って聞かせたのだろう。

太田牛一が義演のもとを訪れる二日前、三月一五日には、秀吉を醍醐に迎えての花見が盛大に行われていた（『義演准后日記』慶長三年三月一五日条）。豊臣秀吉が最晩年に行った、いわゆる「醍醐の花見」である。太田牛一は、花見に訪れた秀吉たちに従って醍醐に来ていた（『大かうさまくんきのうち』）から、義演との面談もその延長であろう。

ここで、信長・秀吉の事績が語られるとなれば、信長最期の場面を外すことはできまい。むしろ、「太閤御所御威光顕然《たいこうごしょごいこうけんぜん》」とされて栄華を極めていた秀吉が、天下を取る第一歩こそが、信長の死と山崎の合戦での勝利にある。光秀の謀叛とその最期について、牛一と義演の間で話題にのぼらなかったと考える方が不自然だ。

本能寺の変当時、義演は二四歳。義演も自らが見た山崎の合戦後の醍醐の様子や、どこかで聞いた光秀の噂を、牛一に話して聞かせたことであろう。

そこで、小栗栖の話題が出たのではないだろうか。義演に小栗栖の情報が入るルートはあった。醍醐と小栗栖は近接しているし、後述するように三宝院には、小栗栖と深い関係のある坊官の飯田家もいた。

太田牛一の個性

太田牛一は義演から聞いたのでは――そう考えるのは、『旧記』の記述だ。小栗栖のことを太田牛一は「おごろす」と書いている。つまり、適切に漢字変換ができていないのだ。これは、書物によって文字を介して得た情報ではなく、誰かから耳で聞いた音声による情報であることを示していよう。

もし、こうした情報を醍醐で、山崎の合戦の頃のことも記憶しているであろう義演から牛一が聞いたとすれば、これは有力な情報だととらえたに違いない。当然、この新情報は彼の「カード」に書き留められたことであろう。

『旧記』は、手持ちの情報を切り貼りして、慶長一四年（一六〇九）にまとめられた軍記である〔金子拓 二〇一二〕。『旧記』執筆にあたっては、太田牛一は醍醐で仕入れた情報を、ここで新たに採用したのである。

ではなぜ、慶長三年（一五九八）に義演から聞いて手にしていたはずの情報を、慶長五～一〇年（一六〇〇～一六〇五）成立とされる『大かうさまくんきのうち』には記さず、慶長一四年（一六〇九）の『旧記』で初めて採用したのか。時期的には、どちらも慶長三年（一五九八）より後の成立だから、両方に最新情報が反映されていても不思議はない。

これについては、『太閤記』の作者である小瀬甫庵《おぜほあん》による太田牛一評が手がかりになる。『太閤記』の「凡例」には、太田牛一について「素生愚にして直なる故、始《はじめ》聞入たるを実と思ひ、又其の場に有り合せたる人、後に其《それ》は虚説なりといへども信用せずなん有ける」とある。

太田牛一は、最初に聞いたことを本当だと思い込んで、後で違う話を聞いてもなかなか信じないのだそうだ。この小栗栖の件も、後から聞いた情報なので、すぐには採用にいたらなかったということなのだろう。

小瀬甫庵『太閤記』の影響

その後、寛永二年（一六二五）に小瀬甫庵の手で書かれた、豊臣秀吉の生涯を描いた軍記物語『太閤記』で、小栗栖で落命した話が採用されている。ここでは、光秀が伏見を経て「小栗栖へ出て行く処」を、鎗で右脇を突かれたのが致命傷となったとされている。

小瀬甫庵の『太閤記』は、創作や史実の改変も多く、史料的価値はあまり高くないといわれているが、執筆にあたっては先行諸作を下敷きにしている。

巻頭の「凡例」には、「此書《このしょ》太田和泉守記しおけるを便とす」とあるから、光秀の最期を小栗栖に設定したのは、太田牛一の著述に依拠したものであろう。『太閤記』では、家臣に光秀の首を知恩院に届けさせようとしている点も『旧記』などから採用したのであろう。首の届け先を知恩院としたのは、小瀬甫庵による「『読み物』としての創作ではないか」という見解もあるが、これは明らかに誤りだ〔小西淑子　一九九五〕。

写本でしか広まらなかった太田牛一の著作に対して、『太閤記』は刊行された豊臣秀吉の一代記として広く読まれていく。その影響で、一七世紀初め頃には、小栗栖で光秀が命を落としたといわれるようになっていたのだろう。

以後は、太閤記物といわれる豊臣秀吉を主人公とした物語や文学作品などで、繰り返し光秀最期の場面として、必ず小栗栖が登場するようになる。

小栗栖の作右衛門

このように、小栗栖で光秀が死んだという話が『太閤記』で広がったとしても、前述のように、醍醐寺の義演から太田牛一が聞いた話が元になっているのかもしれない。

それを論じるためには、醍醐の周辺で、小栗栖で光秀が討たれたという話が伝わっていたかを明らかにしなければなるまい。もし、本当にそういう噂があったなら、きっと「誰が光秀を殺したのか」という疑問も人びとの間でわいてくるだろう。大きな事件なのだから、誰か知っている人がいてもおかしくはないはずだ。

そこで調べてみると、『嘉良喜随筆《からきずいひつ》』という随筆に「明智光秀ヲ鎗ニテ突《つく》者ハ、小栗栖ノ作右衛門《さくえもん》也、子ハ喜兵衛ト云、今ニ存生《ぞんじょう》」という記事があった。光秀を討ったのは小栗栖の作右衛門といい、その子の名は喜兵衛。なんと喜兵衛は「今」も存命なのだという。

『嘉良喜随筆』は、神道家の山口幸充《やまぐちこうじゅう》による随筆で、寛延三年（一七五〇）頃に執筆されたものと考えられている。となれば、本能寺の変から一六八年もの時が経っており、「今」も作右衛門の子が存命というのは、いくらなんでも眉唾ものである。

だが、実は『嘉良喜随筆』の記事の多くは、先行する随筆の抜き書きなのである。記事が一八世紀のものだとは限らない。そこで、この作右衛門についての記事を見てみると「遠碧《えんぺき》軒随筆《けんずいひつ》、八、延宝三年閏四月起筆」とあった。

『遠碧軒随筆』とは、『遠碧軒記』とも呼ばれる黒川道祐《くろかわどうゆう》による随筆である。黒川は、元禄四年（一六九一）に没している。黒川道祐は『雍州府志《ようしゅうふし》』という京都の詳細な地誌を記した人としても知られるが、彼は『近畿歴覧記《きんきれきらんき》』という京都近郊の紀行文も残している。彼は文献調査だけでなく、聞き取りや、現地を歩いて調べて京都のことを記録していたようだ。

とすれば、この作右衛門と喜兵衛のことは、黒川が実際に小栗栖で見聞したことかもしれない。随筆の起筆が延宝三年（一六七五）なので、彼の調査はそれ以前ということになろう。

本能寺の変からは九三年。これなら、喜兵衛存命の可能性はないともいえまい。

作右衛門親子の武勇譚

実際に一七世紀後半頃には、現地の小栗栖で、明智光秀を討ったとされる人物の噂があったらしい。黒川道祐の『遠碧軒随筆』当該項目の起筆から、さらに五年前のこと。寛文一〇年（一六七〇）に出版された『醍醐随筆』という仮名草子に、次のような話があった。

夜に入て光秀主従三騎。此里《この》を落行《おちゆ》けるに。百姓聞《きき》つけ。鎗をもて。垣のこなたよりつきければ。光秀が脇腹つきとをしぬる。馬上二三町こたへて死けらし。其の後光秀といふ事あらはれければ。いみじき手柄をしたりと。諸人にうらやまれぬるまゝに。彼者たちまち武勇の心いできて。近里遠郷にしれものある時は。人よりさきにはせまはり。からめ取。きりふせなとするほとに。小栗栖の作右衛門とて。聞人《きくひと》おぢおそる。（下略）

ここでも確かに、光秀を鎗で突いたというのが作右衛門という人物であると伝えている。彼は、山崎から光秀軍が敗走するという話を聞きつけ、馬上の武将を鎗で突いたところ、後でそれが明智光秀その人であったことがわかり、大変な手柄だったと人からうらやましがられたという。

作右衛門はそれで武芸に自信をつけたのか、その後は近隣で不審人物が現れると率先して駆けつけては、刀で制圧したり捕らえたりしていた。

この記事に続けて、作右衛門の子である喜兵衛の武勇も伝えている。喜兵衛は、六〇歳を超えていたにもかかわらず、小栗栖を荒らしていた白狼を一人で退治した。彼は、狼を退治しようとして、手に鎌を持って村の墓地で死体のふりをして寝ていた。そこに狼が現れて飛びかかってきたところ、手にしていた鎌で首を切り落としたという。

小栗栖には、作右衛門・喜兵衛と、二代にわたって武勇でならした人物がいたということになる。

小栗栖の世間話

もちろん、本当に作右衛門が光秀を鎗で刺したのかどうかはわからない。小栗栖周辺を通過する落武者に対して、彼が鎗をふるったのは本当かもしれない。その鎗に手応えを感じたということもあるかもしれない。しかしながら、光秀の負傷は夜間のことであり、相手が誰かなど、視認することは難しい。だから、鎗をくり出した人物も、自分が光秀を討ち取ったという認識はなかっただろう。首を届け出た人物と致命傷を負わせた人物も違うことは、史料からも明らかだ。真相は文字どおりに藪のなかなのだ。

後になって、光秀の首が秀吉の元に届けられたということになり、噂が広がっていったのかもしれない。「おい、このあたりで光秀公が討たれていたらしいぞ」「えっ、そうなの。そういえば小栗栖の作右衛門が鎗で誰かを突いたらしいよ」「じゃあ、光秀公を討ったのは作右衛門なの?」というような会話を思い浮かべてしまう。

少なくとも、現地では一種の「世間話」というかたちで、いつしか作右衛門の名前が語られるようになったのだろう。醍醐寺三宝院の義演が耳にし、太田牛一に伝えたのも、こうした醍醐寺周辺に広まっていた世間話だったのかもしれない。

『醍醐随筆』は、医師の中山三柳《なかやまさんりゅう》が京都から醍醐山麓に移住し、そこでの見聞などを綴ったものである。彼自身が「小栗栖は醍醐の西にて、小川を一つへだてたり」と記しているように、彼の生活拠点だった醍醐と小栗栖はそれほど離れているわけではない。彼が醍醐に隠棲したのは寛文八年(一六六八)一月二三日だというから、その頃に彼が確かに小栗栖でこういう噂を耳にしていたのだろう。黒川道祐が喜兵衛の話を聞きつけたのも、その頃のことかもしれない。

なお、『醍醐随筆』は出版されていたので、書物をとおして目にする人もいたようだ。現地に足を運んだことのない人の間にも、次第に情報は広がっていく。江戸時代中期に書かれた逸話集『明良洪範《めいりょうこうはん》』にも、ほとんど『醍醐随筆』のままに書きとめられている。

小栗栖作右衛門のその後

『陰徳太平記《いんとくたいへいき》』という軍記物語がある。その巻六七を見ると、「小栗栖野」で明智光秀を鎗で突いた人物として「地下人作右衛門〈一説甚太夫〉」と出ている。「甚太夫」という別名はともかく、ここでも作右衛門だ。光秀の首は知恩院に運ばれ、遺体は泥中に押し込んで隠していたというが、作右衛門は光秀の死骸を探し出した。秀吉の陣営に届けた作右衛門は、「当座ノ褒美トシテ金銀」を与えられた。

ところが、その後の作右衛門について、思いもよらないことが書かれていた。後になって、秀吉はこう考えたという。光秀を討ったことは手柄には違いない。しかし、たとえ僅かな期間であっても天下を手中に入れたほどの武将を、賤しい者が討つというのは出すぎたことだ（「一度天下武将ノ命ヲ司ル程ノ者ヲ匹夫卑賤《ひっぷひせん》ノ身トシテ手ニ掛突殺《かけつきころ》ス事、不所謂《いわれざる》過分ノ働《はたらき》也」）。そういえば、山科あたりのものは、ことあるごとに徒党して騒動を起こすくせ者ばかり。このままにしておくと、いっそう調子に乗って「騒動狼藉」が大きくなるばかりだから、懲らしめておこう……。

とんでもない言いがかりには違いないが、「作右衛門ヲ始、一類七人ヲ召捕《めしとらえ》テ磔」に掛けたという。

いささか衝撃的な結末に言葉を失ってしまう。だが、これは史実とは考えにくい。『陰徳太平記』は、作右衛門やその子の喜兵衛の活躍を記した『醍醐随筆』の刊行よりも半世紀近く後の出版になる。ここに書かれているように、作右衛門やその一族七人が処刑されたのであれば、先行する『醍醐随筆』にその話が載らないのも不自然だ。

『陰徳太平記』は、毛利氏の動向を軸にした長編の軍記物である。もともと、香川正矩《かがわまさのり》によって書かれていた未完の『陰徳記』を、次男景継《かげつぐ》が補訂して完成させ、正徳二年（一七一二）年に刊行したものである。

オリジナルにあたる、万治三年（一六六〇）まで書かれていた香川正矩の『陰徳記』には、このような話は出てこない。『陰徳記』巻六五に光秀の死について記した「惟任《これとう》滅亡の事」という項があるのだが、ここでの記述は概して簡略である。「坂本辺ニテ地下人ニ打弑《うちころ》サレニケルトカヤ」とするのも明らかに誤りだ。史料を見る限り、光秀は「坂本」まではたどり着けていないのだから。

このような不正確な情報を記して、「此段《このだん》天正記ニ委細これを載す、記すに及ばず」としている。つまり、『天正記』という本に詳しいから、ここでは書かないということ。香川正矩自身が、この件についての情報を持っていなかったことは明らかである。

香川正矩による『陰徳記』の方には「作右衛門」のことは見えていないから、この部分は、一七世紀後半から一八世紀にかけて香川景継によって増補されたものであろう。

そして、本当のところは、『陰徳太平記』の伝えることとは違っていたようだ。京都の川《かわ》口《ぐち》好《こう》和《わ》が、京都近隣での見聞などを書いた『奇遊談《きゆうだん》』という寛政一一年（一七九九）刊行の随筆がある。この作右衛門のその後について、「その子孫宝永の頃まであ」ったが、「いま里人に尋問《たずねとう》に、ちかき世その子孫他所へうつり住居せしといふ」とあった。

宝永年間（一七〇四～一七一一）には作右衛門の子孫がいたようだが、「ちかき世」に他所に移住したため小栗栖にはもういなくなっていたという。これだけの記述では、いつのことかは明らかにできないが、一八世紀中には、作右衛門のことを語る者も次第に少なくなっていったのであろう。

野武士中村長兵衛

一七世紀には、小栗栖で光秀を討ったとされる作右衛門の勇猛さが、近隣に知れ渡っていたらしい。ところが、一八世紀初め頃には、その縁者は小栗栖を離れていた。

一八世紀に入ると、作右衛門に代わってまったく別の名前が語られるようになる。それが、中村長兵衛である。比較的早い時期にその名が書かれたのは、国学者の天野《あまの》信景《さだかげ》が元禄一〇年（一六九七）頃から生涯にわたって書き継いだという随筆『塩尻《しおじり》』巻五一の次の一文である。

明智光秀を栗栖野にて突し野武士は此村の浪人中村長兵衛といひしものとぞ云々《うんぬん》

ここには、文末に「云々」とあるので伝聞記事であることが明示されているが、誰からどのように聞いたのかは明らかでない。名前は作右衛門とは全く異なり、伝言ゲームのようにして、いつしか誤って伝えられたものとも考えにくい。「中村」という苗字を持つ「浪人」という情報も新しい。

一八世紀になって突如として出現する中村長兵衛の名が、明智光秀を討った者として、その後も広く伝えられていく。安永年間（一七七二～八一）の成立とされる実録本の『太閤真顕記《たいこうしんけんき》』（『真書太閤記』ともいわれる）第七編に「中村長兵衛明智を突く事 并《ならびに》 光秀遺言生害の事」という段がある。

爰《ここ》に小栗栖の里人中村長兵衛と云ふ者明智が勢に切立られ心の中に是社《これこそ》慥《たしか》に明智勢なるらめと思ひつれバ藪を小盾《こだて》に伏隠《ふしかく》れ今や〱と待つ程に……

『太閤真顕記』（『真書太閤記』）は、その後の太閤記物と呼ばれる一連の作品群に大きな影響を与えている。また、これは写本でしか伝わってはいないが、講談の台本に近い作品ともいわれており、同様のストーリーは、話芸をつうじて広く知られていた可能性があることも忘れてはならない。

『絵本太閤記』の中村長兵衛

そして、光秀を討ったとする中村長兵衛の名が広まっていく要因となったのが『絵本太閤記』の登場である。この『絵本太閤記』は寛政九年（一七九七）に初編が刊行され、享和二年（一八〇二）に第七編が刊行された。大坂の戯作者武内確斎《げさくしゃたけうちかくさい》と浮世絵師の岡田玉山《おかだぎょくざん》がコンビとなって、あしかけ五年にわたって刊行された豊臣秀吉の一代記は、ベストセラーとなっていく。その第四編巻五に「光秀落命於小栗栖野話」という段がある。

爰《ここ》に栗栖野の百性中村長兵衛といふもの落武者を仕止《しとめ》んとて十余人此辺りを徘徊せしに此体を見て落人ござんなれとて彼《かの》藪の内に忍び居て……

と出てくる。さらに興味深いのは、中村長兵衛が秀吉に光秀の首を届け、その「手柄」に対して「黄金数多」を与えられたことを記したくだりである。そこには

今も伏見の里に此長兵衛が子孫有《あり》といふ

と書かれている。この作品は大坂の戯作者の手によるものであるから、「中村長兵衛が子孫」といわれた人物の存在を、著者の武内確斎が本当に知っていた可能性も否定することはできない。だが、本書には創作の部分もかなり多いようだ。「講釈師見て来たような……」という言葉もある。そもそも一七世紀にはまったく見えず、一八世紀になって突如として現れる中村長兵衛である。本当に「子孫」がいたとは考えにくい。

単なる過去の物語ではなく、「子孫」がいるということで、過去と「現在」が地続きになり、リアリティが増す。戯作者が、演出としてこのような一文を挿入したのではないだろうか。とはいえ、こうして書かれたことは重要で、一人歩きをしていくことになろう。本書を読んだ人は、その「子孫」への関心を抱くであろうし、もしかしたら「子孫」を探しに行く人もいるかもしれない。

これが小栗栖に対して、何らかの影響を与えなかったとはいえないだろう。果たして現地、小栗栖に「中村長兵衛」の痕跡はあるのだろうか。そこで、戦後間もない頃に書かれた記録を見てみよう。

戦後の小栗栖調査記録

一九五一年二月一三日、その人物は念願の小栗栖訪問をようやく実現した。

その人物——藤野氏は、山城国桑田郡から訪れていた。かつて京北町と呼ばれたところである。現在は京都市と合併し、右京区となっている場所である。藤野家は村で代々庄屋をつとめた家で、明智光秀を祖とするという由緒があった。それで、光秀ゆかりの地を訪ねては、現地で聞き取りなどの調査を重ねていた。藤野氏による調査記録は、戦後間もない頃の、小栗栖における光秀伝承地の様子を知るうえで、貴重な報告となっている（「小栗栖の伝説と粟田口の首塚」)。

まずその調査資料から、当時の小栗栖の様子を確認しておこう。この調査資料は下書きのようで、墨で書かれた後に鉛筆による推敲のあとが見えている。いずれ、清書をしようとしていたのだろう。すべてを引用すると煩瑣になるので、ここでは訂正前の墨書きによる文章だけを挙げておく。

……それより西山沿ひの小途を辿ること若干にして小栗栖昔の盛り場に到る。即此所が明智遺蹟の本拠にして今伏見区小栗栖小阪町という。この辺の背後の小山を通俗じよう山と称し往古飯田刑部《ぎょうぶ》の住《すま》へる城跡の所在地とて往時は数百戸もあつた賑やかな所だったと称せられ小高き山□小祠堂宇あり、山裾谷十溝の流るゝところ昔ながらの小途《みち》が四辻の辺り右行手間近かに今も長兵衛屋敷の伝承を遺す。それより背後の山添途《みち》を北に十数米小薮の間稍《やや》降れる辺《あた》り是明智藪。この附近一帯を腸出《わたで》と称す。

ここから、小栗栖には「長兵衛屋敷」といわれていた場所があったことがわかる。これだけだと「長兵衛」の住んでいた屋敷があるかのようにも見える。しかし、この部分は鉛筆で「伝長兵衛屋敷跡」とされ、さらに「伝承を遺す閑地あり」と加筆訂正されていた。つまり、一九五一年の時点では、「長兵衛」の子孫とされるような人物が居住を続けている屋敷があったわけではなく、「閑地」——すなわち空き地——があり、その場所を「長兵衛屋敷」と通称していたということになる。
近くには「腸出」と呼ばれている場所もあったらしい。「腸出」とは実に生々しい表現だが、光秀が鎗で刺されて傷口から臓腑を出した場所ということになるだろうか。

小栗栖の中村長兵衛伝説

興味深いのは、この資料に中村長兵衛による光秀殺害の場面が、やや詳しく書き留められていたことである。続いて、その記述を見よう。

光秀山崎に敗れ一たんは今の神足《こうたり》附近《ふきん》勝龍寺に依れるが策を樹《た》て坂本に逃れんとし、この地を通り、民家長兵衛宅に憩いて敵情を探れり、長兵衛はその後の庄屋時の世話役を勤めて居つたが利慾の者悪心を起し、目印《めじる》しに簔を着せ裏の藪蔭に先廻つて潜み待ち刺し殺せりと言う

この竹藪の持主故ありてこの地所続きの壇那寺本経寺現住職依田義淳氏に寄せたりと、じよう山は城山の意かというもこれ地蔵山の訛か、血がゝりの竹の話も聞く

山崎の合戦に敗れた光秀は、坂本に向かう途中で疲れを癒やすために、小栗栖の有力者であった中村長兵衛の屋敷に立ち寄っていた。しかし、長兵衛は「利慾の者」であったため光秀を騙したという。

長兵衛は、光秀に目印として簑笠を着せて送り出すと、裏の藪に先回りして待ち受け、とおりかかった光秀を鎗で刺し殺した。その後、光秀の祟りか竹藪の持主には不幸が続いたため、隣接する本経寺に藪を寄進したのだといわれる。

非常に芝居がかっているのが気になるが、これを語ったのは誰なのか。それも、この資料は伝えている。すなわち、本経寺の住職であった。

ここでは、問題の竹藪を所有者が「壇那寺本経寺現住職依田義淳氏に寄せたり」とあるので、当時の住職の代になってからの寄進であるかのように見える。しかし、これは誤りで『拾遺都名所図会』の時点で、既に明智藪が寺院に寄附されていた。

とすれば、一八世紀になって突然現れる中村長兵衛という名前の謎を解く上でも、本経寺の存在が重要な鍵になりそうである。

ここで気にかかるのが、本経寺に隣接して営まれていた法華檀林《ほっけだんりん》である。法華檀林とは、日蓮宗の僧侶養成のための学校のことで、万治元年（一六五八）に小栗栖檀林がつくられた。檀林では、教学研究が進められるのはもちろんであるが、法華や浄土宗では談義僧と呼ばれる、仏教教義をわかりやすく説き布教にあたる専門技術者も養成されていた。談義の場では、譬喩《ひゆ》や因縁譚《いんねんたん》が取り入れられることも多い。そこから多様な文芸が生まれていることも指摘されている〔後小路薫　二〇一〇、堤邦彦　二〇一七〕。

明智藪は本経寺と小栗栖檀林の敷地内にあるから、談義をとおして寺院を中心に、悪心を起こした中村長兵衛と光秀を主題とした伝承が生み出されていったのではないだろうか。そうした想定が許されるとしたら、興味深いのが享保一六年（一七三一）のできごとだ。

寺院法要と信長

享保一六年（一七三一）は、本能寺の変があった天正一〇年（一五八二）から一五〇年目の節目の年となっている。明智光秀の遠忌法要があったかどうかはわからないが、織田信長の法事は各地で営まれている。

『月堂見聞集《げつどうけんぶんしゅう》』巻二三を見ると、信長命日の一ヶ月前の五月二日には、信長の墓がある阿弥陀寺・本能寺で「取越《とりこし》法事」が行われた。

かつて織田信長の葬儀が行われた大徳寺でも、命日にあたる六月二日に織田家ゆかりの大名が申し合わせて法事を行った。明智家と異なり、織田家はその後も存続して大名家などになっているから、こうした人びとがスポンサーとなって大々的に法要が行われたと思われる。

織田家ゆかりの大名が中心に行った大徳寺の法要は、おそらく庶民には敷居が高く、自由な参列はかなわなかったであろう。

一方、六月一、二日に寺町の大雲院《だいうんいん》でも信長・信忠の一五〇年忌の法要が執り行われた。

こちらは庶民に開かれていた。信忠の木像を開帳し、「音楽法事」が行われたというから、おそらく多くの人が参詣に訪れたであろう。また、「説法は信長記を取合せて演説せらる」とあった。

つまり、享保一六年（一七三一）は、各地で織田信長の法要が同時多発的に行われ、広く注目が集まった年であったといえる。そして、説法の場では『信長記』などの軍記物をもとにして、おそらくは信長の活躍が仏教的に話されたであろう。まさに、談義僧の出番である。

大雲院は浄土宗、大徳寺は臨済宗で宗旨は異なるし、本能寺も法華とはいえ本経寺とは別の派に属する。だから、本経寺の檀林で鍛えた談義僧が、これらの寺院で活躍したとまではいえない。とはいえ、談義僧の間で育てられたハナシが、唱導《しょうどう》をとおして取り入れられたり共有されたりして、こうした場で取りあげられた可能性はあるのではないだろうか。

一七世紀末から書き始められ、一八世紀まで書き続けられた天野信景の『塩尻』に中村長兵衛の名前が登場しているから、時期も近い。天野はそうした場で耳にしたのかもしれない。

その後、中村長兵衛が話芸の世界で知れ渡っていくのだとしたら、享保一六年（一七三一）の信長一五〇年忌での唱導が、ひとつの契機になったのではないだろうか。

現代の小栗栖にて

中村長兵衛の名が、僧侶による談義のなかで生まれたか否かはともかく、その後は講談などの話芸を経て、『太閤真顕記』などの文芸作品をとおしても広まっていった。しかしながら、現地では異なった伝承も聞かれるらしい。

現在、小栗栖の「明智藪」とされる場所には、一九七五年に京都洛東ライオンズクラブが、その名を記した碑を建てた。一九九一年には、その隣に明智藪について解説をした碑も建てられている。その碑文に次のような文章が刻まれていた。

……小栗栖の附近にさしかかったところを信長の近臣、小栗栖館の武士団飯田一党の襲撃によりあえない最后《さいご》を遂げたといわれている。

ここで現れるのが、「飯田」の名前である。同じ話は、京都市編『京都の歴史』でも、触れられている。明智光秀を討ったのは、醍醐寺の坊官で小栗栖にいた「飯田家の一党だった

現在の「明智藪」附近（京都市伏見区）

という伝承が残っている」という。飯田家一族のなかに、飯田左吉兵衛《いいださきちべえ》という人物が信長に仕えていたが、本能寺の変の際に信長に殉じて「追腹」を切った。そこで、飯田氏は近辺の民衆をひきつれて光秀を襲ったという（京都市　一九六九）。ここで『京都の歴史』を見ると、「飯田家文書」の「古今醍醐書記」が典拠として挙がっているが、この史料には、そのような記載は見られないから誤りである。だが、飯田家に残る別の記録（「飯田（明）家文書Ｄ８」）には、

一、天正十年六月二日、右大臣平信長《（織田信長）》、明智日向守光秀の為《ため》ニ生害《しょうがい》、相《（総）》見院殿ト号ス、
一家飯田左吉兵衛追腹《おいばら》

とある。織田信長が本能寺で死去した際に、飯田氏の一族であった左吉兵衛という人物が「追腹」――つまり殉死――をしていたということ、ただそれだけだ。飯田氏が光秀を討ったとまでは書いていない。

この記録には作成年代は記されていないが、戦国期からのできごとが箇条書きで記され、寛文一三年（一六七三）の記事がもっとも新しい。おそらく、本史料の作成も一七世紀末を下ることはないだろう。それなら、飯田氏の記録に明智光秀を討ったという武功が書かれていないのも気になるところだ。

この飯田氏と明智光秀にかかわる話が、いつから語られるようになったのかについては、慎重に判断する必要があろう。

飯田一党の歴史

飯田一党については、小栗栖自治会が編纂した『京・小栗栖風土記』の記述が詳しい（小栗栖自治会編　二〇一六）。同書によれば飯田氏は、信州飯田城主飯田伊豆守満政の子孫が、足利尊氏とともに上洛した際に一緒に京に来て、小栗栖に城を築いたのが始まりとされている。この辺は史料では確認が難しく、後世の史料に「飯田家申伝書ニ」と引用される家伝などによったものである（『地下家伝《じげかでん》』、「飯田（明）家文書B7」）。

現状では、伝承の域を出ないといわざるをえない。しかし、『醍醐寺文書』（四八一号、六八九号）を見ると、享徳二年（一四五三）には飯田八郎左衛門の名前が見えており、一五世紀には既に、醍醐近隣に飯田を名乗る家があったことは事実である。

近世には、飯田氏は醍醐寺に仕え坊官《ぼうかん》となっている。家伝によれば飯田氏は、醍醐寺の満済が、三宝院に入寺する際に坊官となって、治部卿法印永盛《じぶきょうほういんえいじょう》と名乗ったという。『地下家伝』という史料にも同様の記述が見えている。

小栗栖に拠点をおいていた豪族の飯田氏が、醍醐に移住をするが、その後も小栗栖の支配を続けていたという点は、信頼してもよいかもしれない。そして、戦国時代には、醍醐寺坊官の飯田氏と別に、小栗栖に拠点をおく飯田氏が見えるようになる。この小栗栖の飯田氏は代官として、醍醐坊官飯田氏の小栗栖支配にかかわっていたようだ。代々左近《さこん》を名乗っており、現在も小栗栖には「左近屋敷」と呼ばれる場所があるという。

飯田氏が軍事的な拠点としていた小栗栖城の跡が残っているが、そこは山科川や街道を見下ろす位置にあり、水陸の往来を監視する役割もあったと考えられている。そして、まさに小栗栖城の麓に明智藪がある。

村の武力に注目した藤木久志は、合戦において村々の武力を動員し後方遮断などを行わせることも少なくないことを指摘した。山崎の合戦についても、秀吉は山城の村をいち早く掌握して光秀の退路を断つよう上意を発し、そのために光秀は秀吉の仕掛けた「網にかかった可能性が大きい」と指摘していた〔藤木久志　一九九七〕。そうすれば、小栗栖の豪族であった飯田氏もまた、そうした網を構成する存在のひとつであった可能性はある。小栗栖を拠点とする豪族の飯田氏が、秀吉に呼応して敗走する明智一行を襲撃したということは、ありえないことではない。

とはいえ、光秀を討ったのが飯田氏であるという言説が、近世の史料には見えないのも事実である。ひとまずは、一七世紀の記録（「飯田（明）家文書D８）や寛政元年（一七八九）の史料に引用される「飯田家申伝書」（「飯田（明）家文書B７）に見えないことを指摘しておこう。

こうしたことがいわれ始めるのは、一八世紀末以降になる可能性がある。

変遷する光秀を討った男の人物像

明智光秀を討ったという小栗栖村の人物については、ここまで見てきたように近世から現代まで、いくつもの名前が挙がっていた。

そこで浮かびあがってきたのは、光秀を討ったという人物の名前のみならず、その人物像の多様性である。まず、一七世紀に見えていた作右衛門は、その勇猛さが強調されていた。一八世紀から登場し、『絵本太閤記』などで主に語られるのは中村長兵衛である。そして次に、地元の豪族というべき飯田氏である。

こうした人物像の変化をもたらしたのは何か。恐らく、明智光秀像と表裏の関係にあったということができるのではないだろうか。

明智光秀は豊臣秀吉によって主君殺しの謀反人とされ、その後も『太閤記』などの軍記物語をとおして、反逆者のイメージが流布していくことになった。同時に第一章で見たように、当初は武人としての光秀像も語られていた。そうすれば、光秀を討った人物は、強い反逆者に天罰を下した人物ということになる。そうした手強い悪人を倒したということで、作右衛門の果敢さや勇猛さが強調されていく。

一方で、一八世紀に入り、『明智軍記』などで光秀像が書き換えられていく。一八世紀末には歌舞伎や浄瑠璃などで、光秀は横暴な信長を討つ英雄とされていくようになる。法華の談義僧がかかわっていたなら、安土宗論《あづちしゅうろん》で法華宗の敗北を仕組んで支配をしていく信長は憎い敵として、光秀はその対局にある存在として描かれただろう。

京都では地子免除など善政を行った存在とされ、その死は悲劇として語られる。すると、今度はこうした善人の光秀を殺した人物が、悪人として表象されていく。中村長兵衛は欲に目がくらんだ者のように語られている。

ところが近代になると、織田信長は勤王家として再評価され、京都の建勲神社に神として祀《まつ》られることになる。となれば、光秀は主君のみならず天皇にも刃向かった存在となる。再び光秀を討った人物は好ましい人物として脚光を浴びる。信長に殉じた小栗栖の飯田家一党が、光秀を討ったとすれば、朝敵を滅ぼした存在ということになる。

明智光秀の胴塚

明智藪をめぐる話題について、あれこれと詳述してきた。明智藪から約一キロほど北の山科区勧修寺御所内町には「胴塚」といわれる場所がある。この「胴塚」とは、小栗栖で自害した明智光秀の胴を埋めた場所だと伝えられている。

現在は、工場の一画にあるが、かつては周囲に田園風景が広がっていた。全国の首塚・胴塚などの著作もある民俗学者の室井《むろい》康成《やすなり》は、『明智軍記』をもとに、「後世、里人の手によっ

明智光秀胴塚（京都市山科区）

て築かれた供養塔の類ではなかっただろうか」といっている〔室井康成　二〇一四〕。『京・小栗栖風土記』では、「明智光秀ほどの武将の亡骸が人知れず田の中に埋められることはあまり考えにくい」として、『明智軍記』などの記述が知られるようになって「後世建てられた供養塔と考える方が良いかもしれない」と述べている〔小栗栖自治会編　二〇一六〕。

　民俗学者の岩田重則《いわたしげのり》もまた、小栗栖にこうした伝承があることについて、「文字によってえがかれた軍記物語が、在地の口頭伝承、伝説へと転訛したのではないか」として、「軍記の物語の伝説化」を想定している〔岩田重則　二〇一九〕。

　これまでの研究では、おおむね光秀の胴を埋めているという点については懐疑的である。確かに、『兼見卿記』によれば、「向州《明智光秀》頸・筒体《胴体》、本応寺《本能寺》においてこれを曝すとうんぬん」とあり（天正一〇年六月一六日条）、明智光秀は首と胴体をつないで「本応寺《本能寺》」に曝されていたらしく、「胴塚」に光秀の胴が埋められている可能性は低いだろう。

一九五一年の胴塚

ところで、一九五一年の二月に小栗栖の明智ゆかりの地を訪ねて、色々と貴重な情報を残した藤野氏は、この「胴塚」にも足を運んでいる。藤野氏は塚の地所の所有者に話を聞いているのだが、その記述は実に素っ気ないものであった。鉛筆による推敲のあとも多いが、ここでも煩瑣になるので修正前の記事を引用しておこう（個人名は一部改変した）。

H氏古墳に付ては古来光秀胴塚と伝ふるのみにして何の口碑伝承もなく、墳墓の田地は氏の所有にして近年福知山出身京都在住某発願による整地供養行《おこな》はれたる旨を語る。

一九五一年には「光秀胴塚」と呼ばれているものの、すでに「何の口碑伝承もな」い状態であったということになる。当該地は「近年」に福知山出身の某氏によって、整地されていたという。

それ以前はどうかというと、『御塚』として昔は宝篋印塔《ほうきょういんとう》が建ってたそうだ」という（明智瀧朗 一九六七）。とすれば、明智光秀に伴う伝承があったか否かも疑問で、「御塚」と呼ばれる「何の口碑伝承もな」い、何らかの供養塔があったというだけだったのかもしれない。

こうした供養塔が、いつしか軍記物語の影響と小栗栖との位置関係から、明智光秀の塚だと外部の者によって解釈されるようになったのだろうか。

藤野氏の訪問後も荒廃は続いていたようだ。「只《ただ》草に覆われた土盛《つちもり》計《ばか》りが淋《さび》しく敷残されていたのを、昭和三十九年三月に亀岡市の人藤野氏が、是処《このところ》に建塔し」ていたという〔明智瀧朗一九六七〕。どうやら、藤野氏は一三年後に同所を再訪し、荒廃した胴塚に供養塔を建てたらしい。

現在は、藤野氏が建てた塔はなく、一九七〇年に山科の人によって建立された石碑に「明智光秀之塚」と刻まれている。

いずれにしても、「胴塚」は小栗栖の明智藪のような展開をしているというわけではないようだ。現地での関心もそれほど高いものではなく、近代以降に間歇的《かんけつてき》に外部の「光秀ゆかりの人びと」が整備し、建碑することで伝承が維持されてきたといえる。内発的な伝承というよりも、外部からの断続的な刺激による伝存といえるかもしれない。

この胴塚から北に三〇〇メートルほどのところ、貯水池になっていた場所に「馬塚」があった。一九七一年に編纂された『ふるさと醍醐』によれば、これは「明智馬塚」だという〔京都市立醍醐小学校校友会視聴覚委員会編　一九九七〕。貯水池が戦時中に造られた際に「果たして馬骨と思われる大なる骨片数個を発掘し、伝承のいはれに照し虚構でなかった事実に驚嘆したり」という（「小栗栖の伝説と粟田口の首塚」）。こちらも、本当に明智光秀の馬か否かはともかく、何らかの事情で「馬」を埋めた場所が「馬塚」という名で伝えられていたということだろう。

第四章

光秀の首塚

梅宮町の光秀首塚

前章では、小栗栖の明智藪や胴塚の伝承について見てきた。そこでは、明智光秀の最期の地を小栗栖とする言説については、同時代史料から確認ができないことを確認した。また、明智光秀は首と胴をつないで粟田口に曝されていたようだから、小栗栖の北にある胴塚についても、疑問視せざるをえない点がある。一方、首の方はどうだろうか。

現在、京都市の東山区梅宮町に「明智光秀の首塚」がある〔田《た》中《なか》緑紅《りよっこう》　一九四三、遠藤秀男　一九七三、室井康成　二〇一四、橋本章　二〇一六、村上紀夫　二〇二〇〕。観光地になっている祇園などからも近く、白川の風情を楽しみながら知恩院前から三条通《どおり》の方へと向かう。しばらくすると、「東梅宮　明智光秀墳」と刻んだ石柱が目に入ってくる。それを目印にして路地を少し東に入ると、小さな祠《ほこら》と手水鉢《ちょうずばち》やいくつかの石造物がある。祠には「光秀公」と書かれた額がかかっているので、すぐにそれとわかる。

明智光秀の首塚（京都市東山区）

先に見たように、明智光秀の首塚が粟田口に築かれていたことは、同時代史料から間違いなさそうである。それでは、なぜ粟田口から離れた場所に首塚があるのだろうか。それは、粟田口にあった首塚が譲渡され、移動をしたことが理由のようである〔寺田貞次　一九二二、室井康成　二〇一四、橋本章　二〇一六、村上紀夫　二〇二〇〕。首を埋めて供養しているはずの首塚が移動する――そういうと奇妙なようだが、どうしてそのようなことが起こったのかを見ていこう。

粟田口から梅宮町へ

明智光秀の首と胴体は本能寺に曝された。そして、首と胴体を繋いで三条大橋からやや東の粟田口で磔刑にされた後、首塚が築かれた（『兼見卿記』天正一〇年六月二三日条）。首塚の場所は、「粟田口之東」（『兼見卿記』天正一〇年六月二九日条）とあるから、だいたいの位置も想像できよう。

粟田口に光秀の首塚があったことは、その後の近世地誌類でも確認できる。例えば、光秀の死から一〇〇年目の天和二年（一六八二）成立とされる黒川道祐《くろかわどうゆう》の京都地誌『雍州府志《ようしゅうふし》』には、「明智光秀墓　下粟田谷川町民家後ろに在り、斯《こ》の西川有り、草内川と号す」と記されている。同じ筆者の『日次紀事』には、「下粟田口に塔有り」とあるから、その場所には供養塔のようなものもあったらしい。

一八世紀以降の地誌類でも、光秀の首塚についての記事は確認することができる（『山州名跡志』）。ただ、『雍州府志』に「民家後ろ」とあることには注意したい。この頃になると、京都の町が発展していき、粟田口のあたりにも街道に沿って民家が立ち並ぶようになった。かつては往来から見えていたであろう首塚の前にも、家屋が建つようになったようだ。私有地となればアクセスも容易ではない。ある程度は知られた場所ではあるが、人がわざわざ訪れるような場所ではなかったのである。

首塚がある屋敷の譲渡

一八世紀も半ばを過ぎた頃、この首塚の所有者は「いわく付き」の土地をもてあますようになった。明智光秀の首塚が場所を変えるのは、そのためである。詳しい事情を記しているのが『翁草』巻三七である。長文なので、概要を現代語訳しておこう。

明和八年（一七七一）の春ごろのこと。白川橋通三条下るに、能役者で笛方として知られた明田理右衛門《あけたりえもん》という男がいた。その男のもとに見馴れぬ男が正装をして訪れた。用向きはといえば、「粟田口辺の者ですが、失礼ながらあなたの御先祖について承りたい」という。明田は「若い頃に親に死なれたので、先祖のことは存じません。ただ、丹波の出とは聞いて

ます が……」とだけ答えた。二、三日すると再び男がやってきて、粟田口へ来るようにという。不審に思いながら理右衛門が先方の町へ行くと、町の年寄・五人組といった主要な面々が出てきて、「きっとご不審に思われていると存じますが、我々は事情があって貴公の御先祖のことを少しばかり承知しております。あなたは、『明智殿の御孫か、又は宗徒か、所従《しょじゅう》の人の末』だと存じます。この家の裏に明智光秀の塚がありますので、ゆかりのあなた様に、家屋敷一切合切をお譲りしましょう。もちろん御代は不要でございます」という。

明智光秀の首塚の前にある家は、町の会所であった。庭には古木が鬱蒼《うっそう》と茂っていて、その下に古い五輪塔《ごりんとう》がある。これが光秀の塚であるといわれている。木が茂って薄暗いので伐《き》ってしまいたいのだが、ちょっとでも触れると祟りがあるといわれ、手をつけることができないでいたらしい。

明田は最初は驚いたが申し出を受け入れ、正式な手続きを経て屋敷を手に入れた。問題の樹木はうっとうしいからと伐ってしまったが、別に何の問題も起こらなかった。ただ、普段の住居にするには不便なので、人に貸していたという。

いきなり見ず知らずの人がやってきて、家屋敷を無償でやろうというのだから、ビックリするのも当然である。にわかには信じがたい話だが、記事を載せる『翁草』は京都町奉行所与力の神沢杜口による随筆である。全二〇〇巻からなるが、初めの一〇〇巻は明和九年

（一七七二）成立とされる。さらに一〇〇巻を加えるも天明八年（一七八八）の大火で大半を焼失し、再び編述して寛政三年（一七九一）に完成したものという。

この史料は、巻三七に収録されているので、明和九年（一七七二）以前の記事ということになる。明和八年（一七七一）の屋敷譲渡後の顚末まで記していることから、あるいは明和九年（一七七二）の記事とも考えられる。それなら、ほとんど同時代に書かれた史料ということができるが、後日の追記の可能性もあるので断定はできない。ともかく、こうした噂が一種の奇談として、京都町奉行所与力の耳に入っていたことだけは確認しておこう。

実在した明田利右衛門

なお、安永八年（一七七九）に行われた妙法院の謡初めに、「明田利右衛門」という人物が招かれている（『妙法院日次記《みょうほういんひなみき》』安永八年正月九日条）。明和八年（一七七一）の後桃園天皇即位能《ごももぞのてんのうそくいのう》と、天明元年（一七八一）の光格天皇即位能《こうかくてんのうそくいのう》に参上した者としても「明田利右衛門」の名が見える〔権藤芳一　二〇〇三〕。以上のことから、明田利右衛門の実在は疑いない。なお、『翁草』では理右衛門だが、近世の史料では人名の漢字使用はきわめてルーズで、宛字も普通のことだから、理右衛門と利右衛門は同一人物とみて差し支えない（以下、利右衛門で統一する）。

さらに、橋本経亮《はしもとつねあきら》の随筆『橘窓自語《きっそうじご》』にも、明田利右衛門の話がある。天明六年（一七八六）

一一月に、延引していた粟田新感神院《しんかんじんいん》の祭礼が行われ、剣鉾《けんぼこ》をさして夜半に霜の降りた白川にかかる「一本橋とて、かりそめに石を二枚ばかりわたしたる橋」を渡ることになったが、「乱舞者笛吹　明田利右衛門といふ人」が機転を利かせて、橋におが屑を敷いたことで安全に橋を渡ることができたという。

その話を橋本経亮から聞いて、自らの随筆『閑田次筆《かんでんじひつ》』に掲載した伴蒿蹊《ばんこうけい》は、「其の河涯《かわぎし》に住《すめ》る明田利右衛門といへる申楽《さるがく》の笛師」としているから、彼の住まいが白川のほとりであったことも事実のようだ。明田利右衛門による粟田口の屋敷地取得についても、信用してよさそうである。

首塚の移動

「光秀が墳」とされる五輪塔のある屋敷を手に入れた明田だが、そこに住んでいたわけではない。自分は住まないで「抱屋敷」としている。その後、明田利右衛門は、粟田口の塚にあった五輪塔だけを、屋敷から白川橋通三条下るの自宅に引き取っていたようだ。それを伝えるのが次の史料である。

明智光秀首塚

西小物坐町に在り、人家ノ後ニアリ、光秀山科郷に於いて落命の後、首屍ヲ捕《とり》テ梟《さらし》シ所ナリ云々《うんぬん》（中略）〇今十露盤師《そろばんし》平兵衛・酒造嘉兵衛両人之家ノ間ニアリ、此の所除《じょ》地《ち》ニテ古券《こけん》外ノ地面と云々、谷川ノ南岸ノ上ニアリ〇私云《いわく》近年梅宮町ニ住セル能ノ笛吹明田理右衛門ト云ル人《いえ》、光秀カ子孫ナル由申触《もうしふら》シ、彼首塚ニ有シ石塔婆《せきとうば》ヲ我私宅《わがしたく》ニ移シテケリ、明田某ハ死シテ今尚《いまなお》梅宮町梅宮ノ旧地ノ西辺ニアリ、渡辺山城是ヲ守ル（『華頂要略』巻五七「粟田名所旧蹟考　上」）

この記事を載せている『華頂要略』は、青蓮院の尊真《そんしん》法親王の命を受け、進藤為善《しんどうためよし》・為純《ためずみ》が古記録や寺内外の文書に基づき、天保五年（一八三四）頃まで増補を繰り返して編纂されたものである。この記事が載る巻五七は、「粟田名所旧蹟考　上」と題した粟田口の地誌的な冊子であり、前半部分は粟田口にあった明智光秀首塚についての記載である。

ここで注意したいのは、後半部分の「私云」以下である。前半の記事について、「近年」のできごととして、①明智光秀の子孫という能の笛吹き「明田理右衛門」が、②首塚の「石塔婆」を自宅に移したこと、③その場所は梅宮町であり、明田の死後は「渡辺山城」が首塚を守っていることを記している。

「光秀カ子孫」による鎮魂

記事がいつ書かれたものかは明らかでないが、明田利右衛門の死後であることは間違いあるまい。天明七年（一七八七）刊行の『拾遺都名所図会』にも「近年明田氏といふ人、この地に住みしが、いままた白川橋三条の南へ古墳とともに遷《うつ》す」とある。天明七年（一七八七）といえば、明田利右衛門が光秀首塚があった粟田口の屋敷を手に入れた明和八年（一七七一）から、さほど隔たってはいない。当時、明田なる人物が、首塚の五輪を粟田口から白川橋三条南の梅宮町へ移動したことは、周知の事実だったのだろう。それにしても、近隣から苦情は出なかったのだろうか。

ここでもう一度、五輪塔の移動の過程を、『翁草』の記事で見よう。明田は、触ると祟りがあるといわれた木を伐っても何も起こらなかったとあった。民俗学者の室井康成は、戦場で落命した人の遺体は「親しい者の手によって生まれ故郷へと運ばれ、埋葬されるのが理想」とされ、こうした霊的処遇がなされていない場合には、祟りをもたらすと考えられていたという（室井康成　二〇一五）。

明智光秀の首塚は、「明智殿の御孫歟《か》、又ハ宗徒の所従の人の末歟」とされた明田が所持し、自ら管理することになった。これよって、室井のいう「霊的処遇」がなされたことになるのだろう。

『華頂要略』には、「光秀カ子孫ナル由申触シ」という少し意地の悪い書き方もあったが、石塔移転にあたり、移転先との摩擦を避けるためにも、すでに祟らない存在に移行していることとを周知することが必要になる。霊的処遇をすませたことを了解させるためにも、町に対して自らが「光秀カ子孫」と積極的に主張し、周囲の理解を得ようとしていたのかもしれない。

売却された屋敷地と首塚石塔

『華頂要略』の記事から、首塚は「渡辺山城」が守っていると記されていたので、明田の死後は他者の手に渡っていたことになる。一度、霊的な処遇を終えた首塚は、危険なものではなくなっていた。そうして、次々と他者の手に渡っていくようである。

『華頂要略』附録巻二二には、一九世紀時点の当該地付近の様子が描かれた図面がある。白川に沿った通《とおり》に面して町屋が並ぶが、その奥にある一九と番号のついた屋敷の「裏畑」のところに「此所梅宮社・光秀首塚アリ」と記されている。この屋敷地について、詳細を記すのが次の記述である。

同　　　　　　　　　　　元梅嶋大炊
一屋鋪《やしき》　裏畑有り　　天保六未二月　堀文庫
　表口 凡《およそ》 南北五間
　裏行凡東西拾五間
地子九斗三升壱合八勺五才

内　本米五斗
又裏畑分四斗四合七勺
口米合弐合升七合壱勺五才

一軒役

但此裏畑ニ梅宮社旧地これ有り、小社を建て并明智光秀以下の首塚の石塔［本所今《もとのところいま》猶《なお》三条西小者座町民家裏に在あり］此《こ》の畑地に移し建つ（『華頂要略』附録巻二二）

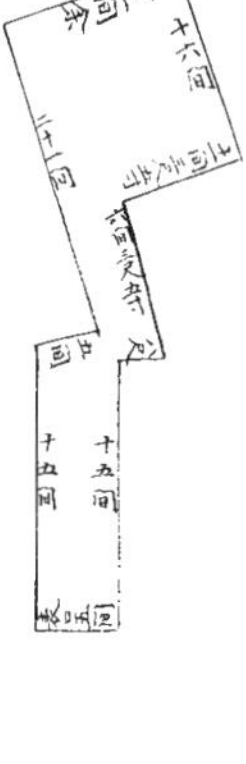

「元梅嶋大炊《うめしまおおい》」とあるので、同地はもともと梅嶋大炊という人物の所持する土地として、青蓮院の台帳に登録されていたことになろう。この梅嶋大炊は、知恩院の坊官だったようで、名を梅嶋大炊助重勝《しげかつ》という。場所は知恩院にも近接しているので、そうした人物の居住地であっても不思議はない。

もっとも、梅嶋重勝は明和六年（一七六九）に没しており、その後を継いだ孫の重高《しげたか》は「筑前介」「日向守」に除せられているが、「大炊」は名乗っていない。さらにいえば、梅嶋重勝が「大炊」を名乗っていたのは、明和元年（一七六四）閏一二月からで、明和五年（一七六八）五月には、官位を返上して剃髪している（『地下家伝』巻二二）。

つまり、青蓮院の台帳に土地の所持が登録されたのは、その間のことになる。明田利右衛門が、『翁草』にあるように、明和八年（一七七一）に粟田口の首塚のある屋敷を譲渡されたとき、既に「白川橋通三条下る」にいたとすれば、明田の居住は梅嶋大炊よりも後になる。梅嶋家から明田が当該地を買得したか、あるいは借りたということになろうか。

そして、明和八年（一七七一）以後、この地は明田利右衛門が没して渡辺山城が管理していたようだが、天保六年（一八三五）二月からは、堀文庫《ほりぶんこ》が手に入れていたことになる。台帳の名前の書き換えが行われているから、堀は買い取っていたことがわかる。

東梅宮社と光秀首塚

史料には、三条の旧地に首塚が「猶在」と書かれていたから、天保六年（一八三五）の時点でも、依然として塚と呼べるような墳丘状のものはあったのであろう。移動できたのは「石塔」だけであったのだから、当然ではある。しかしながら、これ以降は墳丘状の塚は次第に忘却され、「石塔」だけが首塚とされていくようになる。

ここでは、首塚が「梅宮社」の小社が建つ地に移されていたことに注意したい。梅宮社については、『雍州府志』巻二に「下粟田尊勝院境内に在る也、是を東梅宮と謂《い》う、始め白川橋南人家の後園に在り、近世斯処《ここ》に移す」とあり、「東梅宮」と呼ばれていたことがわかる。

尊勝院《そんしょういん》とは、青蓮院の院家のひとつで、境内は梅宮町に接していた。東梅宮社は梅宮町と尊勝院境内が接していた場所にあったのだろう。首塚が所在する地を「梅宮町」というのは、この社があったからだ。

なぜ、明智光秀の首塚が、東梅宮社と同じ空間に存在していたのか。後述する一九世紀になってからの略縁起には、「当社の祭主に明智の末葉明多主馬之助《あけたしゅめのすけ》といへるがあり、尊霊の因なればいくさ破れて後武家をさり、当社にたよりて有りしが」と見えている。東梅宮社の神職に明智光秀の末裔で「明多」という人がいたと伝えているのだ。

ここでいう「当社」は、東梅宮社のことにほかならない。同時代史料ではなく、明田が既に当地を去ってからのものであるから、慎重を要するものではある。とはいえ、明智光秀の首塚を粟田口から引き取った明田が、敷地内にあった東梅宮社の「祭主」をになっていたというのは不自然なことではない。この明田利右衛門の末裔である明智瀧《たき》郎《お》は、「明智光秀の一子於隺丸《おづるまる》が難を山城の一隅に逃れて神官の子として育てられた」と伝えている〔明智瀧朗一九六五〕。明田の後裔に「神官」にかかわる伝承があるのは、同家が東梅宮社の「祭主」を勤めていたことによるのかもしれない。

恐らく明田は、屋敷地奥の空閑地にある小社を私的に祀る「祭主」を兼ね、引き取った首塚もまた、自らが管掌する小社の敷地に祀っていたのであろう。

そして、明田の死後は、屋敷地と梅宮社・首塚はセットで、屋敷とともに渡辺山城が管理し、やがて堀文庫の手に渡ったのである。

明智光秀二五〇回遠忌

この堀文庫は、もとは堀鍉輔嘉明といい、天保六年（一八三五）二月二一日に青蓮院門跡の中小姓として召し抱えられていた。二月二五日になって「堀文庫」と改名しており、同晦日には「梅宮町に移り住む、今度《このたび》梅宮社地を買得すとうんぬん」とある（『華頂要略』巻四七）。それに続けて次のように記されている。

（天保六年）六月十四日願い申す二十一日より二十五日に至る、梅宮社頭において大般若経法楽、恵心院大僧正・尊勝院大僧都以下を招請すとうんぬん

堀文庫は梅宮社が建っている土地を手に入れるや、六月一四日には梅宮社頭での大般若経転読を願い、二一日から五日間にわたって実施しているのである。これだけを読めば、梅宮社の「法楽」としての大般若経転読にも見えよう。しかし、六月一四日といえば、明智光秀が落命した日、六月一三日の翌日にあたる。

そう、この時の大般若経の転読は、光秀首塚に対するものでもあったのである。この時、堀は、光秀首塚の由緒を記した略縁起を板行し、法要の実施を宣伝するとともに、広く募財を求めていたのである。略縁起には、次のように書かれていた〔村上紀夫 二〇二〇〕。

最早《もはや》六月十四日ハ光秀朝臣《あそん》の正当御忌日ニも□者《ば》、弐百五拾回御遠忌の営《いとな》ミ、神前ハ勿論古塚の御祈祷、大般若の御法会修行のため、大僧正御方山門より御上京ニて御勤

成し下され候ため（下略）

つまり、大般若経の転読について、「光秀朝臣の正当御忌日」にあたること（実際は六月一三日だが）、かつ「弐百五拾回御遠忌」になるという。もっとも、光秀の死は天正一〇年（一五八二）だから、天保六年（一八三五）が正確に二五〇回忌というわけではない。天保三年（一八三二）の織田信長二五〇回忌の際には、養源院《ようげんいん》や本能寺などで、織田信長や豊臣秀吉ゆかりの「遺物」が開帳され、「都鄙《とひ》大に群をなして参詣」し、その数は二、三万に達したという（『浮世の有様』巻四）。その記憶があったから、評判をあてにして、多少の誤差はあまり気にしていなかったのかもしれない。

この明智光秀二五〇回遠忌を兼ねた法要と募財は奏功したようで、光秀の首塚は整備されていった。

進む首塚の整備

この後も、首塚は整備が進められていったようだ。現在、白川通に沿って歩くと、明智光秀首塚へ向かう路地の入口に「東梅宮　明智光秀墳／あけちミつひて」と記された石柱が存在している。ここには、「弘化二乙巳年（一八四五）」の年号が刻まれている。天保六年（一八三五）の法要から、ちょうど一〇年目にあたる。

明智光秀首塚を示す石柱（京都市東山区）

石柱には、「参詣通りぬけ暮限《くれかぎり》」とも書かれている。恐らくは、この路地には木戸などが設けられており、暮れには閉じられていたのであろう。夕方には通行できなくなるので、石柱には、参詣や通り抜けは日暮れまでに限られることを、広く知らせる目的もあったようだ。

ここに通行は「暮限」といった、地元の者であれば周知であるはずの事実をわざわざ記していることや、「参詣」という表現が使われていることから、石柱は不特定多数の光秀首塚への参詣があったことをうかがわせる。

光秀の「弐百五拾回御遠忌」を名目に、法要が行われた天保六年（一八三五）から、きりのいい一〇年後に建てられた石柱であることにも注意したい。弘化二年（一八四五）にも二六〇回忌の法要と募財が行われたのだろう。

弘化二年（一八四五）の環境整備後、幕末時点の光秀首塚について知ることができるのが、明治四年（一八七一）に梅宮町が京都府に提出した文書である。

恐れながら御《お》尋《たずね》に就き口上書

一当町明智光秀建物年数［ ］去ル慶応元丑年三月取結《とりむす》ヒ［ ］の儀ハ是□信心之輩ヨリ少々ツヽ寄進等致し、其《その》余ハ小山この父吉兵衛ヨリ相貯《あいたくわえ》出来仕《しゅったいつかまつ》り候《そうろう》儀《ぎ》ニ御座候、右明智首塚の儀ニ付、往古ヨリ何等ノ書物等ハ一切御座なく候えども、別□ニ録記書付これ有り候間《あいだ》、御高覧に入れ奉り候、此の儀□年数等モ相訳《わか》り申さず候へども、町分ニ御座《ござ》候《そうろう》間《あいだ》、御高覧に入れ奉り候、右の段御届け申し上げ奉り候、以上

下京　廿　五《にじゅうご》番組

三条白川筋東寄

梅宮町

年寄　小山忠兵衛

辛未《（明治四）》九月十三日

京都

御府

ここから、明智光秀首塚には、石塔だけでなく何らかの構造物（「建物」）を伴っていたことがわかる。汚損のため判読が難しい部分もあるが、おそらく慶応元年（一八六五）時点では「年数」が経過しており、これらの建物が老朽化していたのだろう。そのため「信心之輩」から寄附を集め、不足分を「小山この」の父「吉兵衛」が支出して再建したことがうかがえ

る。こうした施設の維持に尽力する信徒がいたこともわかるだろう。

老朽化した建物が、寄附により再建されたのが慶応元年（一八六五）であったことも看過できない。弘化二年（一八四五）から、これまたきりのいい二〇年後にあたる。

天保六年（一八三五）を起点に、一〇年、二〇年の節目ごとに環境整備が進められたものと考えていいだろう。

略縁起と光秀の首塚

先に「天保六未年六月」の「弐百五拾回御遠忌」に際して、略縁起《りゃくえんぎ》が発行されたことに触れた。略縁起とは、寺社や宝物の縁起や由来などを記したもの。一枚か、せいぜい数丁からなる簡易な形態で、木板刷りのものである。開帳などの場で比較的安価に販売され、参詣者が記念に買って帰ったものらしい。

実は、明智光秀の首塚については、ほかにも二点の異なる略縁起が確認されている〔村上紀夫　二〇二〇〕。

計三点の略縁起を、それぞれ便宜のために略縁起A・B・Cとして、概要を紹介しよう。
（A）無題（天保六未年六月）
（B）惟任《これとう》将軍《しょうぐん》光秀《みつひで》卿《きょう》墳墓《ふんぼ》之《の》畧記《りゃっき》

（C）明智《あけち》光秀《みつひで》公《こう》御首塚《おんくびづか》畧縁起《りやくえんぎ》

いずれも一枚刷りの木板によるものである。発行年代が明らかなのは、さきほど触れた大般若経による転読を知らせる略縁起Aである。略縁起Aは、荒廃していた東梅宮社と光秀首塚について記し、これらを再興するために、天保六年（一八三五）に法要を行うことを知らせて、財政支援を求めているものである。

略縁起Bは、光秀の誕生から死までを略述しているが、主眼は光秀の誕生にもかかわり、彼が守仏としていたという一寸七分の千手観音像への参詣をうながす点にある。略縁起Cは、光秀の自害について記すとともに、首塚を深く信仰して利益を得た豆腐屋らが、夢で見た明智光秀のお告げを詳述する。首塚のご利益を宣伝するものだ。

略縁起の比較検討

Aでは荒廃していたと見られる首塚だが、B・Cでは既に整備されているようで、人びとに参詣をうながしている。さらにCでは、既に篤信の者までいることが書かれている。この点から、Aが最初に書かれたもので、募財が奏功し環境整備が進んでから、広く参詣を呼びかけるためにB・Cがつくられたと推測される。さらに、BとCでは記載内容に違いがあった。特に顕著なのは光秀最期の場面である。

略縁起Bでは、①小栗栖で負傷した光秀は地蔵山で自害し、②首は腹心の者が妙心寺に運ぼうとしたが詮議が厳しく「由縁」ある当地に葬ったとする。一方で、略縁起Cでは、①敗走中に小栗栖の民家で休息中、棟をはしる鼠が炉に落ちて死んだ様子を見て運が尽きたことを知り、地蔵山で自害する。つまり、ここでは小栗栖での負傷が記されておらず、芝居がかった民家での場面が挿入される。そして、②首を届けられた秀吉は、それを坂本の明智秀満のもとへ送ろうとする。しかし、坂本城が既に落ちていたので「私ニ此地《このち》に葬り奉る」と使者が自己判断で現在の地に葬ったとある。秀吉による温情が記され、妙心寺へ首級を運んだというくだりは見えない。

詳細は次頁の**表**を参照されたいが、略縁起Bに見える光秀の前半生や自害の場面、首を妙心寺に運ぶ話は、元禄期に書かれた『明智軍記』などの軍記物語にも見えていた。必ずしも史実に即したものではないが、当時としては比較的よく知られたモチーフを下敷きにしている。一方で、略縁起Cは、軍記物語などで広く知られていた事象を離れ、より芝居がかった変奏がなされている。詳細な検討は煩瑣になるので省略するが、略縁起Cは情報を盛り込みすぎて論旨が破綻寸前になっており、後発の物と考えるのが自然である。

表　略縁起主要モチーフ典拠等一覧

	略縁起記述	典拠・関連記載等	備考
A	洛西山之内村伝教大師の御旧跡に残し被置候大師御真筆の御自画…此尊影明智光秀朝臣御在命中不浅御信仰	元来光秀ハ医王・山王ヲ信仰シケルニ…（『明智軍記』巻第一〇）	
B	光秀卿の父明智光綱は濃尕可児郡明智城主たりしが	可児郡明智の庄長山の城主の事…土岐美濃守光衡より…子孫代々光秀迄是に住せり（『美濃国諸旧記』巻之六） 光綱、日頃多病なり。天文七年戊戌年八月五日卒す。嫡子光秀、其時僅に十一歳なり。（同上）	
	一子なきを患ひ観世音を祈誓ありしに	？	
	享禄□年□八月十七日安々と男子を出生す、これ則光秀卿なり	光秀　享禄元年八月十七日、生於石津郡多羅云々、…或ハ生於明智城共云々（「明智氏一族宮城家相伝系図書」『大日本史料』）	『明智軍記』は享年五十五歳。逆算で享禄元年生まれ。ただし、『当代記』では「歳六十七」とあり。
	光綱程なく卒せられけれハ、叔父兵庫頭に養育せられしに、不幸にして兵庫頭又戦死して	明智兵庫助光安入道宗宿ハ…兄光綱早世ノ後、東美濃明智ト云所ニ在城シケルガ…艶カニ討死シテ名ヲ後代ニゾ残シケル（『明智軍記』巻第一）	

B

略縁起記述	典拠・関連記載等	備考
普く天下を遍歴し諸家の強弱を伺ひ、永禄五年戌二月、都にのほり当社へ参籠し	涙ト共ニ城ヲ出…国々ヲ遍歴シ…（『明智軍記』巻第一）	『明智軍記』では永禄五年諸国遍歴から帰国
公方家の吹挙を以て従弟女聟なる織田信長公ニ属し	宗宿が妹は道三が本室にして…我が娘をして信長に嫁せしむ（『美濃国諸旧記』巻六）	『美濃国諸旧記』では光秀の伯母（宗宿は叔父）が斎藤道三の正室で濃姫の母とする
参　内あつて惟任将軍の　宣下を蒙り、末世規模のため洛中の地子を免し玉ふ	京中地子銭悉ク免シケル由、叡聞坐シテ（『明智軍記』巻第九）	詳細は第一章参照
比田・溝尾等の面々強ておしとゞめ	溝尾庄兵衛・比田帯刀ヲ後陣トシテ…（『明智軍記』巻第一〇）	
腹心の者御首を洛西妙心寺へ葬さんとセしか、詮義きびしくして行きかたし、仍て由縁あるにより此地に葬り畢ぬ	主君ノ験（シルシ）ヲ妙心寺ニ納メバヤト存ジ、頸ヲ包ミ、山越ニ狼谷ト云所迄至チケルガ、其辺ニ敵充満テ、通ルベキ様是ナキ由相聞ヘシカバ、北ノ山際ニ首ヲ埋ミ立退シガ…（『明智軍記』巻第一〇）	寛永二年（一六二五）小瀬甫庵『太閤記』『正保四年（一六四七）『明智物語』では首級は「知恩院へ」運ばれる。

C		
天正午年為末世規補と洛中地子を免許なしたまひ	地子銭モ永代令免除旨厳重ニ沙汰セラレシカバ京都ノ者共悦アヘリ（『明智軍記』巻第九）	
棟をはしる鼠、炉中ニおちてそくざニ死す、君よくよく思惟仕玉ひ物の急なる事をさとり玉ふて	当（天正一〇年）正月二日ノ夜、信長公御夢ニ鼠出テ、馬ノ腹ヲ喰破リシカバ、其馬忽死ニケリト御覧シテ、自ラ夢ヲ判ジ玉ヒケルハ、今年我四十九ニテ午ノ歳ナリ。子ノ年ノ人有テ、怨敵トナルベキ先表ニモヤ有ント思召テ…日向守計、子年ニテ当年五十五歳ニゾ成ニケル（『明智軍記』巻第一〇）	
惟任将軍日向守光秀御法号 長存寺殿前丹江両州太守兼日州刺史明窓玄智大禅定門	明窓玄智禅定門（『明智軍記』巻第一〇）、明窓玄智（「系図纂要」『大日本史料』）	

※『明智軍記』元禄六年刊（二木謙一校注『明智軍記』新人物往来社、一九九五年）、『美濃国諸旧記』寛永年間成立か（黒川真道編『美濃国諸旧記・濃陽諸士伝記』国史研究会、一九一五年）、小瀬甫庵『太閤記　上下』（岩波書店、一九四三、四四年）、関西大学中世文学研究会編『明智物語　内閣文庫本』（和泉書院、一九六六年）

略縁起の情報源

これらの略縁起は、堀文庫らによる全くの創作であったのだろうか。あるいは、何らかの伝承があったのか。

ここで注目すべきは、明智光秀の父親の名前と光秀の没年である。略縁起には、父親を「光綱《みつつな》」とし、光秀の享年《きようねん》を五五歳としている。明智光秀の前半生は確実な史料では明らかになっていない。父親の名前も史料によって、光総とか光綱などと記されて一致せず、生年も確実な史料からは明らかではない。

光秀の父を光綱とし、享年を五五歳——すなわち享禄元年（一五二八）の生まれとするものでよく知られているのは、元禄期に編纂された『明智軍記』である。この軍記物の史料的な価値については、早くから疑義が呈されているが、刊本として広く流布していたものである。さらにいえば、本書は文政六年（一八二三）にも、大坂の河内屋《かわちや》長兵衛《ちようべえ》の手で再刊されている。略縁起Aの成立よりも一二年前である。

つまり、一九世紀において、光秀の生涯について知ろうとした際、比較的簡単に手にすることができる書物が『明智軍記』だったのである。

興味深いのは、首塚の場所にかかる記述である。略縁起Bでは、『明智軍記』などの記述によって、最初は妙心寺へ運ばれていたが、運搬を断念して東梅宮社の地に埋葬したと記す。

梅宮町に首塚があることと整合性を持たせるための創作であろう。一方で、略縁起Cでは、妙心寺のことは全く触れられていない。京都から坂本城へ運ぶ途中で、坂本城の落城を知り、現在の場所に首を埋めたとする。京都から坂本へと首を届けるのであれば、三条大橋から東に向かうことも不自然ではなく、また使者が運搬を諦めて首を埋葬する場所として、洛東の地はそれなりにリアリティがある。

いずれにしても、ここでは粟田口から首塚が移動したことには全く触れられず、最初から首が埋葬されていたことが前提で語られているのである。

略縁起の成立過程

小瀬甫庵『太閤記』巻三には、光秀の首について「知恩院にをひて、光秀他事なく云《いい》かはしつる寺へ、首を持参し灰にな」そうと運ばれるが、「一揆共《いっきども》」による落武者狩りにより「光秀首を知恩院へ持ち行く事成らずして、草の中に投げ入れ」たとある。知恩院にも近接している梅宮町の位置関係を考慮すれば、妙心寺へ首を運ぼうとして断念したという『明智軍記』の記事によるよりも、知恩院を目指していたとする『太閤記』の方が、当該地に首塚がある必然性を説明するには、より説得力を持っていたはずである。

にもかかわらず、『太閤記』が利用されていないのである。『太閤記』は、むしろ『明智軍記』以上に知られた軍書である。つまり略縁起を書いた人物は、多数の文献を参照しながら作成したというよりは、きわめて限定された素材に依拠して略縁起を作成したと考えられる。

以上のことから堀文庫らは、まずは軍記物語『明智軍記』の情報を基礎にして、略縁起Bを作成したものと考えられる。その後、一定程度周知された時点で、光秀首塚周辺の者が新たな物語を創出し、略縁起Cに一層ドラマチックな演出を盛り込んだといえるであろう。

それでは、これらの略縁起B・Cはいつ頃つくられたのか。略縁起の比較検討をしてきた久野俊彦は、略縁起が、開帳の度に改変されていったことを指摘している〔久野俊彦 二〇〇九〕。してみれば、略縁起B・Cの相違点も開帳などを契機として、略縁起の記載内容が改められていった可能性があろう。

略縁起Aが、天保六年（一八三五）のものであることは疑いないとして、内容から先行する略縁起Bは弘化二年（一八四五）、そして略縁起Cは慶応元年（一八六五）に作成されたと考えておきたい。

首塚の繁栄

近世において、明智光秀は『絵本太功記《えほんたいこうき》』などの芝居でも広く知られた存在であった。首塚は芝居小屋の並ぶ四条河原からも近接した場所で、かつ京都における東海道への玄関口三条大橋からも近い場所にある。さらに、光秀の命日に当たる六月一三日といえば、京都では祇園会の時期である。周辺環境が整備された光秀首塚には、少なからぬ参詣者があったことであろう。

整備された明智光秀の首塚は、幕末には板行絵図にも記載されるようになる。明治四年（一八七二）の時点で、「幡《ばん》、五輪、イハイ、金燈籠《かねとうろう》一対、石燈籠《いしとうろう》一対、水入《みずいれ》八二〇三宝十一、石花立壱、賽銭箱壱」も設置され、宗教施設として一定の景観を整えていた。

幕末に書かれた『花洛名勝図会《はならくめいしょうずえ》』では、「頸《くび》を獄門《ごくもん》に梟《さら》せしが、然るに恩顧の者有《あり》て此《この》頸を竊《ひそか》に盗ミ葬るものなるべし」と、粟田口での梟首の事実と首塚が当地にあることを、矛盾なく説明するための解釈が記されている。略縁起により、この地に首が葬られたとした主張がなされていったことで、次第に首塚が粟田口から移動したものだということは、忘却されていったのであろう。

撤去を命じられた首塚

明治維新とともに、首塚には大きな試練がおとずれる。明治四年（一八七一）に、梅宮町は京都府に対して、明智光秀首塚の扱いについてどうすべきかを問い合わせた。強力に開明政策を推進する槇村正直《まきむらまさなお》知事の府政下にあって、この照会は藪蛇でしかなかった。京都府からの回答は、次のようなものである。

本府附箋《ふせん》指示シテ曰ク

書面明智光秀ハ主人ヲ殺セシ逆罪人也、其《その》首塚ヲ祭祀スル事奇怪ノ至《いたり》、且《かつ》霊顕《れいけん》利《り》生《しょう》ナド妄説《もうせつ》ヲ唱ヘ諸人ヲ誑惑《きょうわく》スルコト以《もって》ノ外《ほか》ノ事ニ候、全般速《すみやか》ニ建物破却、明《あきらか》ニ大義ヲ示シ諸人口惑ヲ解《とき》候《そうろう》条《じょう》、此《この》旨《むね》相《あい》心《こころ》得《う》べき事

京都府は、町に対して光秀を「逆罪人」だといい、そのような者の首を祭祀しているのは「奇怪」と断じる。そして、人びとを「誑惑」（だまし惑わせる）するものとして、即刻の「破却」を命じている。さらに、その跡地にはその内容を明記した「掲示」をするよう命じられた。

首塚の再興

この後、明智光秀の首塚が再び梅宮町に祀られる。その時の経緯について、一九五二年一月八日に現地で調査をした人は、次のような話を聞いていた（「小栗栖の伝説と粟田口の首塚」）。

現首塚なるものは、明治初年槇村府知事当時、附近民家後庭に祀れるものを移遷《いせん》したる赴きにて、元丹波屋吉兵衛所有地の一角から発掘せる人骨を口碑伝説の首塚とし、その子孫小山常吉発願《ほつがん》の志もあり、自家現粟田梅宮町四七・五番地後庭に祀れるものにして

（下略）

やや文意が取りにくいが、先の顛末を念頭に解釈すれば、「槇村府知事当時」というのは、明治四年（一八七一）の撤去命令とかかわっているだろう。その後、「移遷」とあるのは、もとの場所から「発願」人である小山常吉の所有地だった「粟田梅宮町四七・五番地後庭」に首塚が移動したことを示している。つまり、これまでの研究では注意されることはなかったが、明智光秀の首塚は近代になって、再びその場所を変えていたのである。首塚の移動については、『京都坊目誌《きようとぼうもくし》』にも「維新前は、是より東、上壇《じようだん》の地にあり。その後此《この》地に移すと云ふ」とあり、現在の場所とは異なる場所にあったことは間違いない。

小山常吉にかかる「その子孫」の語は、恐らく「元丹波屋吉兵衛」を受けたものであろう。とすれば、小山常吉の祖にあたる丹波屋吉兵衛とは、小山吉兵衛ということになる。慶応元年（一八六五）の光秀首塚再建にあたって、多額の金銭を負担したと思われるのが、小山このの父親である吉兵衛であった。

つまり、幕末の時点では、明智光秀の首塚は小山吉兵衛の敷地内にあり、自らが多額の経済的な負担をしながら維持していたが、一度は槇村知事によって撤去が命じられる。しかし、その後になって、吉兵衛の子孫である小山常吉が発願人となり、新しく自らの敷地内に首塚を再建したことになる。京都府からの通達には「霊顕利生《れいけんりしよう》ナト妄説《もうせつ》ヲ唱へ」との批判があったから、首塚は霊験や御利益のある場所として信仰を集めていたのだろう。

興味深いのは、「元丹波屋吉兵衛所有地の一角から発掘せる人骨を口碑伝説の首塚とし」とあることだ。明治四年（一八七一）まで存在していた首塚を撤去し、新たに再建するにあたって、かつての首塚があった丹波屋（小山）吉兵衛の敷地を発掘していたようだ。

ここまで見てきたように、粟田口にあった首塚から五輪塔だけを移動していたはずなのだが、その後の略縁起によって当該地に首を埋めたことになっていた。「首塚」再建には「首」が不可欠ということになったのであろう。そこで、旧地を発掘して見出された「人骨」を「口碑伝説」でいう光秀の首と見なして、首塚を再建することができたのである。

明智光秀の三〇〇年忌

次の問題は、首塚の再建がいつのことかである。現時点では、その点について明らかにできなかったが、興味深い記事が一八八一年（明治一四）の『郵便報知新聞《ゆうびんほうちしんぶん》』に掲載されていた。明智光秀「妾腹《しょうふく》ノ男子」の末裔という東京府士族の明田潔《あけたきよし》という人物が、「秀吉ノ探索ヲ避ケンカ為《た》メニ明智ノ苗字ヲ深ク隠匿《いんとく》シテ明田ト改」めたが、明智への復姓を許してほしいと願い出たという。願書には、「本年光秀三百回遠忌相当ニ御座候」とあり、「本年ハ光秀が三百年忌に相当すれバ右の追善かたぐ〵改姓せん」と届出たものという（『郵便報知新聞』第二六六一号、明治一四年一二月一六日）。

この歎願は聞き届けられ、記事には「近々祖先の祭祀を行ふよし」とあった。この明田潔こそ、明和年間に粟田口から首塚を引き取った、能楽師明田利右衛門の末裔である〔明智瀧朗　一九六五〕。どこで「祖先の祭祀」が行われたかは明らかでないが、明田利右衛門の末裔が光秀の三百回忌を実施するのであれば、梅宮町にあった光秀の首塚へも、何らかの接触をした可能性は少なくないだろう。

一八八一年（明治一四）といえば、京都では槇村正直知事が失脚し、北垣国道《きたがきくにみち》に知事が交代している。北垣国道は、現地の民間人を積極的に起用し、地域の声を聞きながら政策を進める任他《にんた》主義という方針をとった。そこでは、槇村による規制を次々と緩和していった〔加藤博史　一九八九、秋元せき　一九九六、村上紀夫　二〇一七a、村上紀夫　二〇一七b〕。北垣府政の始まった時期には、槇村府政で否定された民俗行事が次々と復活し、廃されていた寺社が復興し始めていた。そうした空気のなか、明田（明智）潔による光秀三百回忌を契機として、梅宮町でも首塚の再興の気運が高まっていったのではないだろうか。

こうして再建された首塚は、「首より上の病」を治癒するという御利益があるとして、民間で広く信仰されていくことになる〔田中緑紅　一九四三〕。

第五章

明智光秀の戒名

明智光秀の戒名

『明智軍記』によれば、光秀は小栗栖で自刃する際に、「是ハ辞世《じせい》ナリ」といって介《かい》錯《しゃく》にあたる溝《みぞ》尾《お》茂朝《しげとも》に一枚の紙を与えたという。そこには

逆順無二門　大道徹心源
五十五年夢　覚来帰一元
明窓玄智禅定門

と書かれていた。これを読んでいる間に、光秀は脇指を抜いて切腹をしたので、溝尾は慌てて刀を振り下ろして介錯をしたとある。この紙に書かれていた漢詩が辞世であり、「明窓玄智禅定門」はあらかじめ用意していた法名だということのようだ。

明智光秀首塚にある戒名を刻む碑

第四章で紹介した首塚には、この戒名を記した略縁起が刊行されたり、これを刻んだ石碑が近代に奉納されている。光秀の戒名といえば、まず明智の「明」と「智」が使われる「明窓玄智禅定門」が広く知られていたのであろう。

もっとも、『明智軍記』は、元禄六年（一六九三）という光秀の死から約一一〇年も後に刊

行されたものだ。あらかじめ辞世と戒名を用意して懐に入れていたというのもできすぎで、にわかには信じがたい。事実、一七世紀の時点では、光秀の戒名は一定していたわけではないようだ。

複数あった光秀の墓と位牌

貞享二年(一六八五)の序文がある、黒川道祐による京都の年中行事書『日次紀事』で、明智光秀の忌日にあたる六月一三日を見ると、「明智日向守光秀忌」が立項されており、次のように書かれている。

南禅寺 并《ならびに》 五山、及《および》大徳寺・妙心寺等に祠堂料《しどうりよう》を寄す、下粟田口塔有り、東坂本《ひがしさかもと》西教寺《さいきようじ》明智光秀これを再興す、又塔 并《ならびに》 牌有り、此人其終《このひとそのおわり》克からざるにより、竊《ひそかに》 これを建つ故、処々《しょしょ》の寺院牌面其号《そのごう》 各《おのおの》 異《ことな》れり

光秀は、生前に金銭を寄附していた南禅寺など五山のほか、坂本の西教寺などにも墓や位牌があったという。大っぴらに祀るわけにもいかなかったからか、位牌に書かれていた戒名は、寺院によって異なっていたと書かれている。

明智光秀は、比叡山焼き討ちの後に坂本の西教寺再興に尽力したといわれ、この寺に祀られていることはよく知られている。『日次紀事』にも西教寺のことが見えている。黒川道祐は、

延宝六年（一六七八）八月に、坂本を訪れて西教寺で行われていた千部経会という法要を見ている。この時、西教寺の門前には店が建ち並び、芝居小屋も出るほどの賑わいだったという。明智光秀の墓を見たのもこの時のようで、「秀岳宗光」という光秀の戒名も書き留めている。

こうした法要を通して、一七世紀後半には、光秀の墓がこの寺にあったことは知られていたのだろう。

『日次紀事』よりも後の享保八年（一七二三）、近江《おうみ》膳所《ぜぜ》藩《はん》の命によって編纂された近江の地誌『近江輿地誌略』にも、もちろん掲載されている。「西教寺境内にあり」と所在を記して、あとは光秀の略歴に触れている。明智光秀の出自について、土岐《とき》の庶流にあたる明智頼兼《あけちよりかね》の末裔で光継の次男、伯父明智宗宿の養子とするのは、『明智軍記』によるものだろうか。ただ、光秀の墓が西教寺に建立された経緯については、特には触れられていない。

『近江輿地誌略』よりも先行する地誌に、『淡海録《おうみろく》』という元禄元年（一六八八）に原田蔵六《はらだぞうろく》という人物が編纂したものがある。『近江輿地誌略』では、「凡例」に『淡海録』は世間に流布しているが、近世に既に偽書という批判があった『江源武鑑《こうげんぶかん》』や『先代旧事本紀《せんだいくじほんぎ》』に依拠していることを理由に「一向採用にたらず」と切り捨てているものではある。

とはいえ、「流布」していたようなので確認しておこう。ここでは、巻二の「旧塚」の項には「明智日向守塚　西教寺に有り」と素っ気なく記載されているだけであった。光秀の墓がなぜ西教寺にあるのかについて、あまり認知されていなかったのかもしれない。

五山と光秀

西教寺のほかにも、光秀は生前に南禅寺や天龍寺・相国寺《しょうこくじ》などの五山寺院と呼ばれた禅宗の有力寺院や、大徳寺・妙心寺などに対し、金銭を「祠堂料」として寄進していた。そのため、これらの寺院でも明智光秀忌が行われていたようだ。

なお、この五山への祠堂料寄進の話は史実である。『兼見卿記』には、本能寺の変後に朝廷に銀子を献上した後、「五山」へ銀子を「百枚ツヽ」、そして大徳寺にも同額を届けている（『兼見卿記　別本』天正一〇年六月九日条、『大徳寺文書』三一二号「明智光秀寄進銀子目録」）。

ルイス・フロイスは、五山に届けた多額の金銭について、「信長ならびにその長男の葬儀と供養を営ませるために五千クルザードを贈った」（『完訳フロイス日本史3織田信長篇Ⅲ』中公文庫、二〇〇〇年、一六四頁）としている。これが事実であれば、織田信長の葬儀は、山崎の合戦により信長没後の主導権を掌握した豊臣秀吉が、大々的に大徳寺で執り行うことになるから、光秀の配慮は無駄になった。そして、皮肉にも信長葬儀のための金銭が、光秀自身の供養に充当されることになった。

もっとも、天正一〇年（一五八二）六月一九日には、織田信孝から

当寺へ明智遣わし候銀子の事、我々上洛の刻《みぎり》、申し付くべく候間《あいだ》、其《そ》の意成《な》るべき事専一《せんいつ》候也、謹言《きんげん》

六月十九日　　三七郎

信孝（花押）

大徳寺

という書状が出されている（『大徳寺文書』三一三号）。「俺が上洛したら、明智の金については指示を出すから、そのつもりでいろ」というわけだ。明智光秀が、銀子を分配したことは周知の事実で、目をつけられていたようだ。

吉田兼和も織田信孝の使者を名乗る男から、光秀の「銀子配分」にかかわったことを追及されている（『兼見卿記』天正一〇年六月一四日）。この事件は、津田入道《つだにゅうどう》という男が使者と称して勝手に行ったドサクサ紛れの「ゆすり」だったようで、事なきをえている。

とはいえ「ゆすり」が行われるくらい、広く明智光秀による金子のバラマキは知られていたようだから、山崎の合戦後に五山に寄進された金子が無事だったかどうか。全額の没収は免れたのであろうか。

ともあれ『日次紀事』にあるように、一七世紀には、五山をはじめとした寺院には明智光秀の位牌があり、命日には法要が行われていたのは事実だろう。各寺院で、光秀の「牌面」

——つまり、位牌に書かれた戒名が異なっていたらしい。そして、それは不運な最期を遂げた光秀が、各寺院で「竊《ひそか》」に祀られたためであるとされている。
こう書かれると、光秀は「逆賊」だから、権力の目に触れないように、コッソリと祀られていたのだろうと考えてしまう。そこで、実際の光秀忌の様子を史料で確認してみよう。

相国寺の光秀忌と戒名

鹿苑寺《ろくおんじ》住持であった鳳林承章《ほうりんしょうしょう》が、寛永一二年（一六三五）から寛文八年（一六六八）までの三四年間に渡って記した日記の『隔蓂記《かくめいき》』を見ると、どうやら京都五山のひとつ相国寺では、六月一三日の明智光秀命日に法要が行われていたようだ。例えば、正保二年（一六四五）の記事によると次のようにあった。

（六月一三日）明知日向守秀岩諷経《ふぎん》毎年のごとし（下略）

「明智日向守」とは光秀のこと、「秀岩」は光秀の戒名のようだ。諷経とは仏前で勤行をすることである。寛文元年（一六六一）の六月一三日条では次のようにあり、「秀岩居士忌」法要が恒例行事であったことがわかる。

（六月）十三日、暁天《ぎょうてん》万年（相国寺）に赴く、秀岩居士忌毎年也、明智日向守也。予焼香せしむ
（下略）

ここでも「秀岩居士」について、「明智日向守」すなわち光秀のことであるとハッキリと記している。隠す必要もなかったということだろう。

なお、理由は不明だが、光秀の戒名は寛文六年（一六六六）までは「秀岩居士」となっているが、翌七年には「秀岩大禅定門」、八年は「秀山大禅定門」となっている。寛文八年（一六六八）の「秀山」は秀岩の誤記だろう。一般的には「大禅定門」は「居士」よりも上位とされているので、没後八五年を経て、相国寺では光秀の戒名の「格」が上げられたということになる。一七世紀の時点では、「普通に」供養が続けられていたと考えた方がいいだろう。

妙心寺と明智風呂

『日次紀事』によれば、明智光秀は妙心寺にも祠堂金を届けたと伝えられていた。妙心寺では、「明智風呂《あけちぶろ》」という行事があった。寛政一二年（一八〇〇）に書かれ、その後も玉田永教《たまだえいきょう》自身が増補を続けたという、年中行事書『年中故事』にはこう記す。

妙心寺にて風呂を焚《た》て浴《よく》さす。伝曰《つたえていわく》、明智光秀信長公を弑《しい》し、其身全《まった》からざるを察し、黄金を当寺へ寄附し置く、寺僧此《この》料にて営むと、今にたへず。

妙心寺には明智光秀の叔父とされる大嶺院密宗《だいれいいんみっしゅう》が、天正一五年（一五八七）明智光秀の供養のために創建したという「明智風呂」と呼ばれる浴室がある。もっとも、重要文化財に指定されている現在の「浴室」は明暦年間の再建である。

『明智軍記』によれば、家臣の溝尾茂朝《みぞおしげとも》は、小栗栖で自害した光秀の首を「妙心寺ニ納メバヤ」と妙心寺に運ぼうとしていた。どうも、妙心寺と明智光秀の関係は浅からぬものがあったらしい。

それもそのはずで、妙心寺には明智光秀の子が入寺していたといわれていたのである。

光秀の子が妙心寺塔頭に？

妙心寺本『明智系図』と呼ばれるものがある。この系図によれば、明智光秀の子には七人の女子と六人の男子がいたという。そのうち、安古丸《あこまる》は山崎合戦で討ち死に、十内《じゅうない》と自然《じねん》は坂本城で自害、僧の不立《ふりゅう》は東山で死亡したとされる。生き残った男子は二人。内治麻呂は園城寺鎮守の新羅《しんら》社で神職をし、玄琳《げんりん》は僧で「洛陽《らくよう》妙心寺《みょうしんじ》塔頭《たっちゅう》」にいた。

この系図は、奥書によれば、寛永八年（一六三一）に「妙心寺塔頭六十五歳」が「喜多村弥平兵衛」に書き与えたものだ。喜多村家は内治麻呂の母の実家ということなので、内治麻呂の縁者の求めで、玄琳が何らかの情報をもとに系図を書いたということになる。

ただ、その情報源については少し気にかかる。「去る天正壬午」――つまり、坂本城落城に天正一〇年――に「明智正統系図《あけちせいとうけいず》并《ならびに》当家伝来之《とうけでんらいの》旧譜《きゅうふ》」は焼失してしまったが、昔から伝来していた「系図之写・旧書」が数巻だけ手元に残っていたので、それをもとに二巻の系図をまとめたのだという。その割には不審な点が散見される。坂本城で自害した「十内」を「左馬助《さまのすけ》」としているが、それなら明智秀満のことになりそうだ。秀満は光秀の子ではなく娘婿だから、実子ではない。明らかに間違いである。明智秀満は、光秀の子という玄琳にとっては義弟になる。いくら伝来の系図が失われていたからといって、実の弟と義弟を間違えるということがあるだろうか。

明智光秀の評伝を記した高柳光寿《たかやなぎみつとし》は、「要するにこの系図は悪意ある偽系図である」と切り捨てる。系図には誤りが多く、玄琳について「自分を光秀の子とするためにでたらめな系図を作ったもので、まことに怪《け》しからぬ男というべきである」と手厳しい〔高柳光寿一九五八〕。

ここでは、系図の真偽はあまり問題ではない。系図の奥書《おくがき》に「慈父《じふ》光秀尊霊五十廻忌追福《ついふく》修善《しゅぜん》のため」と記し、「寛永八辛未六月十有三日」と書かれていることに注目したい。

少なくとも、寛永八年（一六三一）の時点で、妙心寺に光秀の子と名乗る僧がいたこと、そして光秀の没後五〇年の忌日に「追福修善」を祈って法要をいとなんでいたことは間違いない。妙心寺において、光秀のことを「慈父」と呼ぶ僧により五〇回忌の法要が行われていたとすれば、それは話題になったに違いない。

なお、『妙心寺史』によると、妙心寺では文禄三年（一五九四）六月十四日に、「明叟忌《めいそうき》」のための一石五斗の支出が記録されているという。「明叟忌」とは明智光秀の法事であるから、明智光秀の一三回忌法要を行っていたのは間違いないようだ。なお、その当時は豊臣秀吉が権勢をふるっていた頃である。

ただ、面白いのはその史料に「天正十一年六月十四日死」とあるらしい。本当なら、天正一〇年（一五八二）の山崎の合戦から、一年後に死んだことになる。書き誤りの可能性が高いし、『妙心寺史』も「識者《しきしや》の研究に委《い》するより外《ほか》はない」とするが、「是《こ》れが事実とすれば、其《そ》の一年の間、光秀は何処《どこ》に潜《ひそ》み奈何《いか》なる事をなしてゐたかと云ふ問題が起つて来る」と思わせぶりな記述もある〔川上孤山　一九七五〕。

大徳寺の明智門

大徳寺には明智光秀建立とされる「明智門」があった。秋里籬島《あきさとりとう》の『都林泉名勝図会《みやこりんせんめいしょうずえ》』によれば、主君の信長を討った光秀が「自ら命の保《たもて》ざるべき事を知て、白金千両を当山に納めて冥福を祈る。ゆへにこの門を建てその名を呼ぶ」としている。

明智風呂についての伝承と大同小異であり、複数の寺院でこうした説明がなされていたのかもしれない。

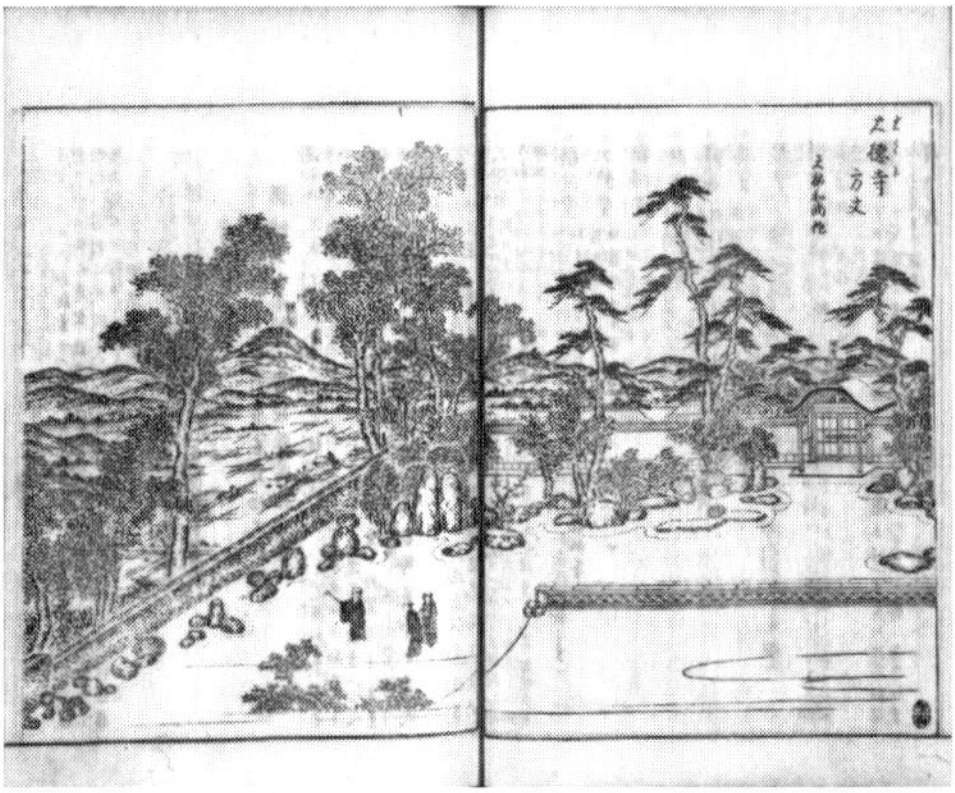

『都林泉名勝図会』、右端に明智門（国立国会図書館蔵）

方丈の南側にあった門がそれだが、一八八六年（明治一九）に南禅寺に売却された。現在は南禅寺金地院に移転している〔竹貫元勝　二〇一〇〕。なお、それまでの南禅寺金地院に門がなかったわけではない。一八七八年（明治一一）に明石《あかし》博《ひろ》高《たか》という人が南禅寺から唐門を買い取って、豊国《とよくに》神社《じんじゃ》に移設していたのである。

一八七五年（明治八）、豊臣秀吉を神として祀る豊国神社が東山に再興されると、そこには桃山時代の唐門がふさわしいとされたようだ〔高木博志　二〇一九〕。そこで、寛永年間に建立の南禅寺金地院唐門に目がつけられたということらしい。

それにしても、方広寺《ほうこうじ》鐘銘《しょうめい》事件《じけん》にあたって徳川方で重要な役割を果たし、豊臣家を滅ぼすきっかけを作った金地院崇伝《こんちいんすうでん》ゆかりの寺院から、豊臣秀吉を神に祀る神社へ門が運ばれ、そこに明智門が移築されるというのも、妙な因縁ではある。

本法寺過去帳

明智光秀の供養をしていたのは、相国寺などの京五山や大徳寺・妙心寺といった禅宗の有力寺院ばかりでもなかったようだ。

『群書類従《ぐんしょるいじゅう》』に『本法寺過去帳《ほんぽうじかこちょう》』という史料がある。冒頭に「永禄。元亀。天正。慶長過去帳」とあり、主に織豊期の物故者《ぶっこしゃ》の名前を命日ごとに記す。毎月、それぞれの命日に供養すべき対象を書いているものだ。

おそらくこの原本は、京都の日蓮宗寺院である本法寺に現在も伝わる、日通《にっつう》自筆の「妙法堂過去帳」だと思われる。二日のところには、天正一〇年（一五八二）六月二日に命を落とした織田信長の名前も「惣見院殿大相国泰厳院《そうけんいんでんだいしょうこくたいげんいん》信長大居士」という法名で見え、同じ日に二条御所で自刃した織田信忠も記されている。そして、一三日のところを見ると

惟任日向守光秀〈子歳五十五歳死、天正十壬午六月〉
本名明知（明智）

と記されている。

この史料は本法寺第一〇代日通の自筆というから、どんなに遅くとも慶長一三年（一六〇八）に日通が没する以前のものになる。光秀の没年を五五歳とする、比較的早い時期のものだと

いうことになる。
それ以上にここで注意すべきは、過去帳に光秀の名が記載されているという事実である。このことは、本法寺では信長同様に毎月の一三日には、明智光秀もまた供養が行われていたということになろう。
なお、この『過去帳』には、豊臣秀次（一五日）、「秀吉太閤」（一八日）、足利義輝（一九日）、千利休（二七日）などの名前も見えている。生前は、それぞれに因縁のある人びとが並んでいるが、死後は等しく供養されているということであろうか。

失われた位牌

寛政一一年（一七九九）に刊行された、『奇遊談』という京都在住の川口好和が書いた随筆には、次のように書かれている。

高倉二条上ル西本願寺末寺浄光寺《じょうこうじ》といふ寺に、明智日向守光秀の木主《もくしゅ》ありて、其祭日には誦経《ずきょう》念仏《ねんぶつ》を修すること也。光秀、主君を亡し、永く世にあるべからぬことを、前におもひ計りて、本能寺へ発向《はっこう》の前に、させる由縁もなかりしに、金銭を包《つつみ》て此寺へ納《おさめ》、後世の冥福をたのみおきしとぞ。

この浄光寺は、一九一五年（大正四）に完成した碓井小三郎《うすいこさぶろう》の手による地誌『京都坊目《きょうとぼうもく》誌《し》』を見ると、寛永一一年（一六三四）に宗安という僧が中興したとある。この寺伝が正しければ、光秀が本能寺の変に先がけて金銭を奉納した、という話もあやしくなってくる。

明智光秀の位牌について、碓井小三郎は「今住僧に問ふも不知《しらず》と言へり。元治元年に焚《や》けたるか」と記している。どうも幕末の争乱と明治維新を経て、いつしか浄光寺では光秀の位牌も失われていたようだ。時には、災害などによって祭祀が中断したり、位牌が失われて法要が絶えることもあったようだ。

なお、安政二年（一八五五）に書かれた広瀬《ひろせ》旭荘《ぎょくそう》という学者の『九桂草堂随筆《きゅうけいそうどうずいひつ》』という随筆には、「往々《おうおう》明智光秀を祭る僧徒あり」と記している（『九桂草堂随筆』巻二）。

これまで紹介した寺院の他にも、京都では周山の慈眼寺《じげんじ》、近江の盛安寺《じょうあんじ》、岸和田の本徳寺《ほんとくじ》にも、光秀の位牌やゆかりの品と伝わるものが伝来している。

大津市坂本にある盛安寺は、江戸時代には「明智寺《あけちでら》」という名前で親しまれていたようだ。寛政九年（一七九七）刊の『近江名所図会』には「明智寺」で立項し、「盛安寺と云ふ」と記されている。「明智光秀陣太鼓」といわれる太鼓が伝わっている。

岸和田市の本徳寺には、明智光秀と伝えられる肖像画があり、慶長一八年（一六一三）の賛がある。ここに記されている像主の法名は、「輝雲道琇禅定門」である（岸和田市史編纂委員会編　二〇〇〇）。この法名の「輝」と「琇」という字に、「光秀」の名が隠されているといわれている。

近世には少なからぬ寺院で、明智光秀の位牌を持ち、供養をしていたということは確かであろう。

第六章

明智光秀の重臣たちと墓

重臣斎藤利三の最期

ここまで明智光秀を中心に見てきたが、光秀に従っていた多くの人びとは、その後どうなったのだろうか。

明智光秀の重臣に斎藤利三《さいとうとしみつ》という人物がいる。美濃の斎藤氏の一族で、早くから明智光秀の家臣となっていた。本能寺の変の直前まで、土佐の長宗我部元親《ちょうそかべもとちか》と書状を交わしていたことが知られるようになり、注目されてきている人物である。また、徳川家光の乳母として、大奥の基礎を作りあげた春日局《かすがのつぼね》の実父としても知られている。

光秀重臣の一人であった斎藤利三は、小瀬甫庵の『太閤記』を信じるなら、山崎の合戦では先鋒をつとめていたらしい。この闘いに敗れた斎藤は、坂本城を目指した。坂本城も六月一五日には落城していたためか（『兼見卿記』天正一〇年六月一五日条）、さらに北へと向かったらしい。

坂本から北へ約七キロの堅田《かたた》で潜伏していたところを捕らえられ、六月一八日には京都に連行された。その後、見せしめのために車に乗せて京都を引き回された後で、六条河原で斬首。明智光秀の遺体とともに曝されたという（『兼見卿記』天正一〇年六月一八日条）。斎藤利三は二人の子を連れていたというが、子は殺されたようだ（「高木文書」）。

その後、六月二三日には明智光秀とともに、斎藤利三の「頸塚」が粟田口に築かれている

（『兼見卿記』天正一〇年六月二三日条）。

真如堂にある斎藤利三の墓

斎藤利三の墓が、真如堂《しんにょどう》（京都市左京区浄土寺真如堂）境内にある。そのいきさつについて、黒川道佑の『雍州府志』は次のように語る。

> 斎藤《さいとう》内蔵助《くらのすけ》塔（中略）山崎敗北の時大津において自殺す、真如堂中東陽坊《とうようぼう》の僧遺骸を真如堂墓地に葬る、秀吉公塚を発《あばか》しめて、下粟田口に梟首す、爾後《じご》東陽坊また竊《ひそかに》其《そ》の首を盗み再びこれを葬る

ここでは、斎藤利三は大津で自害したことになっているのだが、その遺体を、真如堂の僧である東陽坊が引き取って墓地に埋葬していたところ、豊臣秀吉が斎藤の墓を暴いて首を粟田口に曝していたという。東陽坊は密かにこれを盗み出し、ふたたび真如堂墓地に埋葬したのだという。

既に見たように、斎藤利三は生け捕りにされているから、ここに書かれているように、一度は埋葬された遺体が掘り出されて曝されたというのは、明らかな誤りといえる。

とはいえ、処刑された斎藤利三の遺体は粟田口で曝され、光秀とともに首塚が築かれた。にもかかわらず、その墓があるのは不思議ではないか。あるいは、本当に東陽坊が首を盗み

出したのだろうか。

この東陽坊、実は茶人として知られた人物で、東陽坊長盛《ちょうせい》という。千利休の高弟である。はたして、それほどの人物が危険を冒してまで、斎藤利三の首を盗み出すようなことがあるだろうか。

海北友松と斎藤利三

ここで登場するのが、安土桃山時代に活躍した絵師の海北友松《かいほうゆうしょう》である。友松は、近江の戦国大名浅井氏の家臣である海北家に生まれる。海北友松と真如堂の東陽坊長盛、そして明智光秀の重臣であった斎藤利三は、固い友情で結ばれていたという。

元和元年（一六一五）の海北友松の死から、一世紀以上を隔てた享保九年（一七二四）、孫の海北友竹《ゆうちく》の手で書かれた、海北友松夫婦の肖像画に書かれた賛が、彼の事績についての基本史料とされている。やや長いので、ここでは概略だけを紹介しよう。

本能寺の変の後、敗軍の将となった斎藤利三を豊臣秀吉は処刑し、粟田口に首を曝した。その哀れな姿を見かねた海北友松は、東陽坊に相談をした。「親しかった利三の無残な姿は見るに堪えない。そなたは僧侶であろう。何とか埋葬し、供養をしてやれないものだろうか。」

東陽坊は「拙僧も思いは同じでございますが、警備が厳しく私の力では利三の首を奪うこなどかないませぬ」と歎くばかりであった。

友松は、近江の戦国大名浅井家の家臣、海北綱親《つなちか》の五男として生まれた。父や兄が小谷城《おだに》で戦死したことがきっかけで、出家して絵師の道へと進んだ。しかし、一度は海北家の再興を目指して武道に励んだこともあった。腕には覚えがある。

そこで友松は、東陽坊にこう持ちかけた。「それなら私が警備をしている兵を蹴散らそうほどに、その隙にそなたが利三の遺体を持ち去れ。」

話がまとまった二人。史料によれば、決行は天正一〇年（一五八二）の六月二〇日のことだったという。友松は鎗を振るって、曝されている利三の遺体を見張る兵に襲いかかる。友松が次々と警備の兵を倒し、全員が逃げ去った隙に、東陽坊は利三の遺体を奪還したという。東陽坊は真如堂で利三の遺骸を埋葬し、懇《ねんご》ろに供養した。この時の友松の勇義は、比類のないものだったと伝わっている。

春日局と斎藤家

この海北友松のエピソードは非常に興味深いものなのだが、公家日記などの同時代史料には見えていない。もし、本当に何者かに、処刑後に曝している首や遺体を力づくで奪われるようなことがあれば、権力としては処断を否定されたことになる。豊臣秀吉にしてみれば、愚弄されたに等しいわけだから、おそらくただではすまなかったであろう。まして、護衛の兵士を襲ったとなれば、権力に対する明らかな反乱である。

にもかかわらず、これが記録に見えないとすれば、そのような騒ぎはなかったと考えた方が無難であろう。

画賛が斎藤利三の死から一四〇年以上経過していること、賛の筆者が友松の孫であり、友松の行為を誇張して書く可能性も大きいことから考えても、事実ととらえるのは慎重でなければならないだろう。

海北友松の子と春日局の間に関係があったことは、史料から確認できるという。だから、親同士の海北友松と斎藤利三の間にも、何らかの交流があったことは否定できないという見解もある〔河合正朝　一九六七〕。

海北友松と斎藤利三の間に交流があったことは事実かもしれないが、暴力沙汰を起こしてまで遺体を奪い去り、供養としたというのは、ちょっと考えにくい。穏便にコネとカネを使い、こっそり遺体を引き取らせてもらったということなら、あったかもしれない。事実、そうした事例なら、近世以降にもいくらでも見ることができる。もしそうだったとしても、友松・東陽坊と斎藤利三の友情が、堅いものだったことは間違いあるまい。

その後は、後年の史料ながら「春日御局御自筆にて御金を東陽坊へ送らせ候」とあり、その時の「御文」も残っているとある（『海北家記録』）。徳川の世になってからは、徳川家光の乳母として影響力をもっていた春日局や、彼女の力で旗本になっていた利三の子の斎藤利宗《さいとうとしむね》などの尽力で、斎藤利三の墓は守られてきたのであろう。

現在は、斎藤利三と海北友松の墓が、真如堂の境内に二つ並んで建っている。ただし、現存の墓標は、俗名が使われていることや、斎藤家の伝承と異なる法名が刻まれていることなどから、後年につくられたものではないかという見解もある〔福田千鶴　二〇一七〕。

また、念のために確認しておけば、真如堂の位置は中世から近世にかけて、何度も変わっている。応仁の乱で焼失した後、一条《いちじょう》町に復興するが、さらに天正一五年（一五八七）に京極今出川《きょうごくいまでがわ》に移転。元禄六年（一六九三）に現在地の黒谷《くろだに》の北に移る。つまり、斎藤利三の死に際しては真如堂は一条町にあり、海北友松が死去した頃には、京極今出川にあったことになる。当然、墓地は何度も移動を余儀なくされているはずで、現在のような墓石配置も当初からそうだったということはいえない。

明智秀満の湖水渡り

斎藤利三の墓は、少なくとも一七世紀には確認できるので、それなりに信憑性《しんぴょうせい》はあるといっても差し支えないだろう。一方、非常にあやしげなのが、明智秀満の墓といわれるものである。

明智秀満は、光秀の片腕として活躍した人物である。もとは三宅《みやけ》氏で、長く三宅弥平次《みやけやへいじ》と名乗っていたが、光秀の娘をめとって明智姓を名乗るようになる。『明智軍記』などには光《みつ》春《はる》と出てくるが、同時代史料には光春ではなく、秀満とある。

山崎の合戦の際には安土城を守っていたが、光秀の敗戦を知り坂本城に向かっている。既に豊臣方の堀秀政《ほりひでまさ》によって湖岸が押さえられていたため、秀満は馬に乗ったままで琵琶湖を渡り、坂本城に入ったといわれている。これは、『太閤記』などに書かれたもので、後には秀満の湖水渡りといわれて有名になる。武者絵などの題材としても、盛んに取りあげられていく。

もっとも大村由己によって、同年のうちに書かれた『惟任退治記《これとうたいじき》』には、大津で出くわした堀秀政たちを蹴散らすと、「小船」に乗って坂本城に入ったとあるから、こちらの方が事実に近いかもしれない。

湖水渡りの真偽はともかく、無事に坂本城に入城を果たした秀満は、秀吉方の堀秀政を迎え撃つが、衆寡敵せず一五日には落城となる。

明智秀満の死

フロイスの『日本史』が伝えるところによれば、坂本城では「最高の塔に立て籠もり、内部に入ったまま、彼らすべての婦女子を殺害した後、塔に放火し、自らは切腹した」という。

明智塚（大津市）

直後の六月一九日付の豊臣秀吉書状でも、「明智子二人・明知弥平次《（明智秀満）》腹を切り、殿守《（天守）》焼け崩れ死に候事」とある（「高木文書」）。大村由己による『惟任退治記』の記述もほぼ同様である。

明智秀満は、光秀の妻子や自分の家族を刺殺したうえで、坂本城に火を放って自刃している。秀吉書状の「焼け崩れ死に候」という表現からして、遺体は城ともども燃え尽きて、それと識別できるような状態ではなかったのではないだろうか。

現在、大津市下阪本《しもさかもと》の個人敷地内には、「明智塚《あけちづか》」と呼ばれる塚がある。ここでは、光秀の愛刀を埋めたという伝承もあるが、明智秀満の首級を埋めた場所だとも明智一族の墓所だともされている。さわると祟りがあるといわれている〔大津市役所　一九八四〕。

この明智塚がある場所は、小字を「城」といい、隣接地を発掘した際には、L字型の石垣も見つかっているから〔大津市教育委員会　二〇〇八〕、坂本城の構内であったのは間違いなさそうだ。とはいえ、この塚に何が埋まっているかは明らかでない。明智秀満の首級が埋まっているというのも、伝承にすぎない。

ところが、坂本城での秀満の死から約二五〇年の時を経て、坂本ではなく京で奇妙な噂が立つことになる。

東山の怪異

文政六年（一八二三）、東本願寺は境内からの出火が原因で、阿弥陀堂と御影堂《みえいどう》を焼失する。天明の大火で多くの堂宇を焼失し、ようやく復興を遂げてから僅か二五年しかたっていなかった。

多くの門徒たちの信仰に支えられ、東本願寺はただちに再建に取りかかった。そんななかでのこと、文政一二年（一八二九）の再建にあたり、火事で焼けてしまった下地の土を捨てて、土を入れ替えることになった。そこで、「東山豊国《とよくに》大明神の上手《かみて》なる松ヶ谷の土」が非常に良質だという者がいたので、早速その土地を管理する、妙法院《みようほういん》と交渉をすることになった。

窓口になったのは、妙法院の坊官であった松井因幡《まついいなば》である。松井という男は狐を「明神」と呼んで信仰しており、何をするにも神様の託宣を聞いてから行動していたらしい。

「土を高く買い取ろう」と東本願寺から持ちかけられた松井は、どうしたものか決めかねて、例のとおりに明神様に伺《うかが》ってみた。すると「この話はよくない。思いとどまるべし」との託宣だったので断ることにした。しかし、東本願寺としては何としても土を手に入れたかった。そこで多額の金を積んで重ねて頼み込んだところ、欲に目がくらんだ松井はついに承諾した。

早速、人夫がそこに行って土を取り始めたところ、大きな壺が見つかった。「これは金の入った壺に違いない。山分けしよう」といって蓋をとろうとした瞬間、その場にいた三人は「悶絶」したという。

その時、少し離れたところで見ていた者が、驚いて助けに駆けつけた。三人は息を吹き返したが、「一人も物いふ事能《あた》はず、からだもすくみて自由ならざる」という状態となっていた。

秀満の墓を発見か？

人夫たちは、慌てて事の次第を松井因幡に報告に来たが、今度は松井まで病気になって「五體《ごたい》すくみ」苦しむことになる。松井は、明神様に人をやって神意を尋ねさせると、下った託宣とは、次のようなものであった。

「こんなこともあろうと思って、やめておけといったのに。言うことを聞かないからこういうことになったのだ（斯《か》かる事もありぬる故悪しとて止めぬるをも聞かでかくなり行きぬ）」、あの時に掘り出した場所とは「明智左馬助《（明智秀満）》の塚なり。其方計《そのほうばかり》にあらず、三族を絶やすべし」。

びっくりしても後の祭り。このことは妙法院門跡の耳にも入り、門跡自身による祈祷まで行われて霊をなだめようとしたが、その効果もなく、「因幡を始め七人の人夫悉《ことごと》く取殺され」たという。

現地で言い伝えなどはないかと尋ねさせると、その地で山番をしていた者が、詳しいことは知りませんが……と前置きをして、「凡《すべ》て明智の一類を、此《この》谷に葬られしといふ。塚印《つかじるし》には何の木とやらん植ゑてありといひ聞かせしが、塚は素《もと》より知る事なく、木の名さへ忘れぬる」と語ったという。

この話を伝えた文献では、秀吉が天下を取ることができたのも「全く明智が信長を害」したからこそだといい、それで「朋輩《ほうばい》」の屍《しかばね》を秀吉が密かに葬ったのだろうかと述べている（『浮世の有様』巻之四）。

つくり出された異伝

どうも、この話はあやしい。明智の一族を東山に葬ったなどという話は、同時代の史料はもとより、その後の文献にも見えない。

もっとも、豊国大明神の上手といえば、古代から中世にかけて葬地として運用されてきた鳥辺野《とりべの》の一画である〔勝田至 二〇〇六、山田邦和 二〇〇九〕。こうした場所から掘り出された古い壺となれば、何者かの遺骨を納めた納骨器である可能性は高い。

それと明智秀満を結びつけたのは、松井因幡が常々相談をもちかけていた、明神様を下ろして託宣をしていた宗教者であろう。その託宣が、噂として広まったのだろう。

文政一二年（一八二九）ともなれば、『絵本太閤記』などの読本や、歌舞伎・浄瑠璃などで光秀物が上演されるようになっていた。明智秀満の湖水渡りの場面などは、こうした書物や芝居のみならず、講談などでも広く知られるようになっていた。託宣をした宗教者もどこかで秀満のことを聞いていて、とっさにこの名を想起したのではないだろうか。

とはいえ、こんな眉唾の噂がまことしやかに語られていたのが面白い。史料には「逆叛《ぎゃくほん》人《にん》なるが故に、伝記に載する事なければ」としたうえで、そんなこともあるかもしれないと述べていた。謀反人だから、正史には載っていないことが密かに行われたこともあるのではないか……そういう意識が多様な異伝を生みだす論理になっている。こうしたロジックは現代でも聞くところである。どんな飛躍した話でも、もっともらしく説明することができる、ある意味では非常に便利な話法である。

坂本龍馬と明智家

異伝ついでに、もうひとつ。あの坂本龍馬が明智秀満の末裔だとか。坂本龍馬の名を一気に広めるきっかけとなったのが、高知県の『土陽新聞《どようしんぶん》』に一八八三年（明治一六）一月から九月にかけて連載された小説、『汗血千里《かんけつせんり》の駒《こま》』である。これは、坂本龍馬の活躍を描きながら、執筆当時の自由民権運動などの政治や、社会のあり方にも言及していく坂崎紫瀾《さかざきしらん》による政治小説である。その第五回、坂本龍馬の来歴を語る場面に、次のようにあった。

其《その》祖先は明智左馬之助の一類にして江州《ごうしゅう》坂本落城の砌《みぎ》り落ち行きて今の姓に改め世を美濃路《みのじ》の片里に忍びしも、其後《そのご》故ありて我が土佐の国に下り遂《つい》に移り住みて郷士《ごうし》となりし由緒とて、今に家の紋所は桔梗《ききょう》を用るとかや

坂本龍馬は、なんと明智秀満の一類だという。坂本城が落城したので明智家ゆかりの美濃に隠棲していたが、何らかの理由で土佐に移住した者の子孫であるという。坂本龍馬の姓が「坂本」であること、家紋が、組み合わせ角の中に、光秀と同じ桔梗が使われていたことが根拠に挙げられている。

作者の坂崎紫瀾は、土佐藩の侍医《じい》の家に生まれ、歴史小説などを手がける一方で『維新土《いしんと》佐勤王史《さきんのうし》』の編纂も行っていた人物である。土佐に伝わっていた伝承や噂話などを聞くことのできる環境にはあった。

当時は土佐出身の板垣退助が征韓論をめぐって西郷隆盛とともに下野し、土佐を拠点に自由民権運動に身を投じていた。坂崎の作品には、こうした社会状況と結びつけるためのフィクションもあるようだし、よりドラマティックに描くための創作もあるようだ。龍馬が新撰組の襲撃を受けた際に、入浴中の〝おりょう〟が急を告げる有名な場面などは、この坂崎の創作のようだ〔山室伸一 二〇〇三〕。

とはいえ、現地の新聞に発表された作品でもあり、坂本龍馬の出自についてもデタラメなことを書くことはないだろう。真偽についてはともかくとして、現地ではそのような話が伝わっていたのだろう。

本作は繰り返し単行本化され、一九〇九年〔明治四二〕には『小説坂本龍馬』と解題され、刊行もされている。後の大衆小説で描かれる、坂本龍馬像にも大きな影響を与えた作品であるから、こうした作品をとおして、坂本龍馬の出自を明智秀満と結びつける伝承は広まっていったようだ。

佐竹秀慶

ここまで、光秀の家臣で、山崎の合戦後に命を落とした人の話ばかりをしてきた。しかし、生き延びた者もいた。

豊臣秀吉は、信長の後継者としてのアピールをする必要があり、本能寺には無数の首が並べられていた。だから、光秀に従った人びとへの処断は苛烈《かれつ》をきわめていたかのようにも見える。ところが、光秀についていたからといって、必ずしも命を奪われていたわけでもなさそうなのだ。

秀吉自身が、山崎の合戦から間もない時期の書状で「明智同意の輩《やから》、或《あるい》は首を切り、或命を助く」(「高木文書」)などと様子を伝えている。助命された者もいたのは間違いないようだ。その生死を分けたものが何か明らかではないが、幸運にも助かった人について次に見よう。

光秀の家臣に、佐竹出羽守《さたけでわのかみ》秀慶という人物がいる。佐竹は、京都高野《たかの》を拠点とする土豪であった。織田信長は足利義昭を京都から追放すると、家臣の村井貞勝《むらいさだかつ》を所司代、明智光秀をその補佐役として京都の行政を行わせる。そうしたなかで、明智光秀は京都近郊の土豪を、その配下に組み込んでいく。この時、田中の渡辺、岩倉《いわくら》の山本とともに、北山城の高野を拠点とする佐竹も、明智光秀の家臣となっていた〔小和田哲男 二〇一九〕。佐竹は、後に光秀から明智の苗字を与えられるほどの信頼を得ていた。

佐竹秀慶は、六月七日に吉田兼和が勅使として安土を訪れた際、小姓とともに応対にあたっていたから、本能寺の変の際も、光秀に従っていたことは間違いない。

ところが、山崎の合戦から一ヶ月ほどたった七月一七日に「佐竹出羽守」は秀吉への「礼」のために坂本から上洛している（『兼見卿記』天正一〇年七月一七日条）。

七月二日の時点では、明智秀満の父親が福知山城で生け捕りにされ、粟田口で磔刑にかけられているので、まだ戦後処理が終わっていたとはいえない時期のことである。

二〇日に佐竹は、山崎にいた秀吉のもとを訪れて面会を果たした。どうやら「今度生害《このたびしようがい》すべきの段相極《あいきま》るの処」と見えるから、一度は佐竹も処刑されることが確定していたようである。しかし、どういう関係だったのかわからないが、秀吉の家臣となっていた蜂須賀正勝《はちすかまさかつ》が助命に奔走したらしい。その結果、無事に許され「別義《べつぎ》なし」ということになった（『兼見卿記』天正一〇年七月二〇日条）。

これまでいくども引用してきた、『兼見卿記』の筆者である吉田兼和の妻は、佐竹出羽守の姉妹である。佐竹が秀吉と対面する直前に、兼和は坂本に入っていた有力武将の丹羽長秀に面会している。あるいは、佐竹出羽守の助命の裏には、吉田兼和の尽力もあったのかもしれない。もっとも吉田兼和は佐竹の義弟で、光秀とも親しかったわけだから、佐竹が処罰されるようなことになれば、自身にも累が及んだ可能性はある。

とにかく、佐竹は、こうして光秀の重臣の一人であったにもかかわらず、命拾いをすることになる。その後、佐竹出羽守は幸運にも丹羽長秀に三〇〇石で召し抱えられることになり、長秀に従って越前に行っていたようである（『兼見卿記』天正一〇年一〇月二〇日）。なお、佐竹出羽守の妹は、祇園社執行《ぎおんしゃしぎょう》の常泉《じょうせん》に嫁《とつ》いでいた（『祇園社本縁雑録』）。その子の祐雅《ゆうが》が執行職を継承しているので、その後も佐竹の血は途絶えることはなかったといえよう。

洛西の土豪革嶋家《かわしまけ》

ほかにも明智光秀に味方をしていた者の末裔が、その後の顛末を伝えている。佐竹は北山城の土豪であったが、同様に光秀は、京都近郊の土豪を配下に組み込んでいったようである。そのため、近世以降も京都近郊の有力者として存続した家には、光秀についていた者の末裔がいる。彼らは、家の由緒として戦国の記憶を語り継いでいた。

革嶋家は、京都の西郊の川島村を拠点としていた武士で、初代は源頼朝の勘気《かんき》をこうむって常陸国から山城国葛野《かどの》郡に移住したという。革嶋家には鎌倉時代からの古文書が伝来しており、革島南荘《かわしまみなみのしょう》下司職《げししき》に任じられていた。南北朝期には足利尊氏に付いて活躍し、室町・戦国時代には有力な在地領主となっている〔尾藤さき子　一九六七、京都府立総合資料館歴史資料課二〇〇三など〕。

後には織田信長に従い、所領を安堵されていた。元亀四年（一五七三）には明智光秀とともに近江木戸表で一向一揆・浅井氏との合戦に従軍し、戦功をあげた。革嶋家には、その時に光秀から与えられた、手柄を褒め称える書状も伝来している（「革島家文書」）。

この革嶋家は、どうやら明智光秀との協力関係がとがめられ、豊臣秀吉からは所領の安堵がえられなかったようなのだ。

一九代当主は、天正一〇年（一五八二）六月の本能寺の変、山崎の合戦の際には、京を離れ伊勢にいたようだが、病になっていたようで八月には旅先の伊勢で死亡。その後、兄に代わって家督を継いだのは忠宣《ただのぶ》である。

延宝六年（一六七八）に成立の『革島家伝覚書《かわしまかでんおぼえがき》』によれば、革嶋忠宣は「秀吉公ト光秀山崎合戦ニハ、忠宣明智ニ随《したがい》テ出陣。敗軍の時、従臣当村百姓数十人討たる」とあるので、明智方として参戦していたようだ。

忠宣は、秀吉に所領の安堵を歎願したが、光秀との関係が災いした。「明智の家臣ニ親族多ク有《あり》シ故カ」、所領の安堵は認められなかったという（『革島家伝覚書』）。こうして、所領を失った革嶋家は、「牢人」として先祖伝来の革島荘、後の川島村に居住を続けることになる（神田千里 一九九八）。武士身分のまま農村に居住したが、川島村に居ながら仕官活動を諦めず、備後福山藩《びんごふくやまはん》に召し抱えられた。その後、福山藩を辞すと公家の鷹司《たかつかさ》家《け》に奉公する。

在村の武士身分（牢人）として、高い格式を誇り、多くの子女は武家へと嫁いだ〔吉田ゆり子 二〇〇六〕。光秀への協力関係が、その後の革嶋家を決定づけることになったのだ。同時に、在村「武士」としての自己認識を支えるよりどころとして、祖先が戦場であげた数々の武勲が記憶されていく。その武勲のひとつとして、革嶋家が光秀とともに闘ったことも伝えられていたのである。

幕臣となる河島家も、この革嶋家を惣領《そうりよう》としているようだが、幕府に提出した系図を見ると、長俊という人物が「明智光秀叛逆のとき、伊勢国にをいて戦死す」とある。名前は一致しないが本家一九代のことであろうか（『寛政重修諸家譜《かんせいちようしゆうしよかふ》』一八巻）。この家では、周存（『革島家伝覚書』の秀存か）次男の善貞が本能寺の変以前の天正五年（一五七七）から「豊臣太閤につかへ、のち秀頼につかふ」とし、慶長一一（一六〇六）から家康の家臣になったと伝えている。幕臣の家であっても、祖先が光秀のもとにあったことは、隠すべきことではなかったようである。

革嶋家と同じように、光秀への協力によって危機を迎えていた家を、もうひとつ紹介しておこう。戦国期には戦国武将の三好長慶《みよしちようけい》に仕え、その後も伏見街道沿いの柳原庄《やなぎはらのしよう》を拠点に活躍していた今村家である。

元禄五年（一六九二）に書かれた郷侍としての由緒を届けた文書を見ると、ここでも明智光秀とのかかわりが見える。今村弥七《やしち》は、明智光秀に「一味いたし候科《とが》」で京都を離れ、伊賀に逼塞《ひっそく》を余儀なくされていたらしい。その後、豊臣秀長の仲介で帰京できたが、柳原庄の代官職《だいかんしき》は弟の忠右衛門に譲り、自身は出家したという（「今村兵庫郷侍帯刀由緒書《いまむらひょうごごうざむらいたいとうゆいしょがき》」）。

このように京都近郊では、明智光秀に仕えた武士の末裔たちが、地域で有力者として続いていたようだ。こうした家々では、武士であった家の格式を語り伝えるなかで、明智光秀の記憶も伝承していくことになる。

第七章

光秀は生きていた?

美濃に逃れたという光秀

ここまで、明智光秀は天正一〇年（一五八二）、本能寺の変の直後に命を落としたという前提で話を進めてきた。しかしながら、明智光秀は山崎の合戦後も生き延びていたという話がある。

美濃国（岐阜県）にはこういう話がある。光秀は山崎での敗戦後、自害をしようとするが家臣の荒木山城守《あらきやましろのかみ》がそれを諫め、自身が光秀の甲冑《かっちゅう》を着て身替わりになったという。光秀は故郷の美濃国中洞（岐阜県山県市）に帰り、荒木への感謝を忘れないために「荒深《あらふか》」と姓を改めて暮らした。しかし関ヶ原の戦いの際に、光秀は東軍に参じるべく一族を率いて出陣したが、その途中で、増水した川に流されて溺死したという。

歴史学者の藤田達生《ふじたたつお》は、この話を紹介したうえで、「もちろん、これらを事実とする根拠はない」と述べているが、「荒木山城守」は実在しており、光秀に仕えていた人物だという〔藤田達生　二〇一〇〕。

意外かもしれないが、この話は一八世紀初めに書かれた日夏繁高《ひなつしげたか》という兵学者による『兵家茶話《へいかちゃわ》』という書物に確認できる。本書には、享保六年（一七二一）の序文があるから、およその成立時期がわかる。その巻七にある「明智日向守が事」という項を見よう。

明智日向守光秀は山崎没落の時潜《ひそ》かに遁《のが》れ、濃州武芸郡洞戸村《のうしゅうむぎぐんほらどむら》仏光山西洞寺に隠れ居て、姓名をかへて荒須又五郎と称す。関ヶ原に神君に属し奉るべしと親類引き具して出陣せしが、路次にて川水に溺れ死せると云々（下略）

このように、現在も伝わっている伝承と大きくは違っていない話を載せている。『兵家茶話』によれば、光秀の弟宗三の子、つまり光秀の甥は不立《ふりゅう》という名の禅僧で、中洞に居て、織田信長から光秀に与えられたという、越前一向一揆との闘いでの戦功をたたえる感状を持ち伝えているという。もっとも、そこで引用されている感状は、文体などから見て、ホンモノとはとても思えないが。

なお、興味深いのは、この不立の名が、第五章で触れた妙心寺塔頭にいた玄琳の手による妙心寺本『明智系図』に光秀の子の一人として見えていることである。寛永八年（一六三一）に書かれた『明智系図』によれば、不立は嵯峨天龍寺に隠棲し、京都の東山音羽川あたりで「横死」したというから、美濃の不立とは同一人物ではなさそうだ。とはいえ、同じ名前の光秀末裔を名乗る僧侶が登場しているのは興味深い。現時点では単なる偶然の可能性も否定はできないが、光秀生存説が語られるにあたっては、妙心寺玄琳の系図が何らかの影響を与えているのかもしれない。

それはともかく、『兵家茶話』では源義経や楠木正成が生き延びたという話もあるから、光秀もそうだというのか……といっている。「古人の伝記・系譜等或は誤り伝へあらぬ事を云ふもあり。又附会して何れを是とも定めがたし」――これが、日夏繁高のコメントである。著者の日夏繁高は武田流を学んだ兵学者で、光秀ともゆかりの深い丹波篠山藩に仕えていた。光秀には、いくらか思い入れがあるのだろうか。

別のところでは楠木正成や源義経、大坂の陣での後藤又兵衛などとともに、「明智日向守は荒須又五郎と改め、濃州に遁《のが》れたる」という生存説に言及する。そして、「あらぬ事を取りそへて、その人を穢《けが》す事歎《なげ》かしき事なり」と批判している。恐らく、密かに戦場を離れて自分だけが生き延びたなどというのは、武士としては恥ずべきことであり、生存説など、つまらないことをいうと、その人を「穢す」ことになるということだろう。

天野信景と日夏繁高

この『兵家茶話』に載る話は、後の読本《よみほん》などにも影響を与えたといわれており、広く読まれていたようだ。この話は、小栗栖で光秀を討ったといわれる、中村長兵衛の名を記していた天野信景『塩尻』巻二七にも、「異説」として、典拠は示されず、ほとんどそのままの文章が掲載されている。

天野信景は、日夏の没年から二年後の享保一八年（一七三三）に没しているから、日夏とほぼ同時代に生きた人物である。両者の間には交流があった可能性もあり、情報交換をしていたのかもしれない。

天野信景はこの伝承について、日夏繁高のコメントをほとんどそのままに引用し、古い記録には誤りもあるが、こじつけていることもあるとしている。

ただ、こう続けていることに注意したい。今となってはわからないことも多いから、どちらが正しいともいえない（「今よりして知るへからさる事多かる。強《しい》ていつれを是《ぜ》とも定めかたし」）と天野はいう。日夏の判断保留よりも一歩踏み込んで、「強て」どちらかということはできないというのだから、生存説も死亡説と同じくらいの真実味があるというニュアンスだろうか。

天野信景といえば、本居宣長にも影響を与えたという、実証的な研究で知られた博覧強記の国学者である。そうした人物が、このような話をきっぱりと否定していないのである。

もっとも、天野信景は南朝の末裔とされ、自身のルーツにかかわる軍記物『浪合記《なみあいき》』の偽作が疑われている（『浪合記』に掲載する南朝末裔の話は『兵家茶話』にも掲載される）。あるいは、こういった話には甘いのかもしれないが。

『翁草』への転載

一八世紀の知識人の間では、光秀の生存説は、それなりに知られた話になっていたのかもしれない。この話は『翁草』巻一二二にも、『塩尻』から全く同じ文章が引用されて掲載されている。神沢杜口による随筆、『翁草』巻一一八には「塩尻《しおじり》記《き》抜萃《ばっすい》」という項目があるので、彼が天野信景の『塩尻』を読んでいたことは間違いない。知識人の間では、こうした書物をとおして地域や時代をこえて情報が広まっていく。

ただ、受けとめ方は人それぞれだったようである。神沢杜口『翁草』巻一一八には、『塩尻』所載の記事のうち、神沢の関心を惹いた記事の要約が書き留められている。加えて「加愚考《ぐこうをくわう》」として、神沢の感想が付されているのが面白い。

光秀存命の説について、神沢のコメントを見ておこう。『塩尻』の、光秀が美濃洞戸村に隠居し、後に関ヶ原に東軍方として参戦しようとして溺死した話を簡略に記し、まず「真偽《しんぎ》不慥《ふたしか》」とする。もっとも、本心ではこれを疑問視していたようだ。

続けて、もしもこの話が本当でも、家康公が反逆者である光秀のような者を召し抱えたりするはずはないじゃないか（「よし又此事《またこのこと》正たり共、乱臣弑逆《らんしんしいぎやく》の光秀を神祖争《いか》で執用《とりもち》ひ給《たま》はんや」）という。

神沢は、こうした話の出所は、光秀の曾孫（『兵家茶話』では甥）と称する僧の不立だとにらんでいたようで、「出家の身にもかかわらず、光秀の末裔だなんていわなければいいのに」（「又彼僧《かのそう》の出離《しゆつり》の身にして、先祖呼ばはり入らざる事にや」）と厳しい。

多くの知識人は、こういう話も半信半疑で聞いて、「異説」「奇譚」のひとつとして書き留めていたというところが実態であろう。

光秀は天海だった？

光秀生存説の横綱といえば、やはり、生き延びた光秀が天海僧正《てんかいそうじょう》になったというものであろう。

一九一六年（大正五）に、いまなお参照される天海の伝記『大僧正天海』を記した須藤光《すどうみつ》輝《てる》は、そこで次のように書いている。

晩近《ばんこん》一部の考証家に於《お》いて、天海は明智光秀の後身なり。光秀山崎の一戦に敗れ、巧みに韜晦隠匿《とうかいいんとく》して、出家して僧となり、徳川家康に昵懇《じっこん》して、深く其帷幄《そのいあく》に参し、以て豊臣氏を亡滅し、私《ひそ》かに当年の怨《うらみ》を報ひたりといふ奇説を唱道する者ありと聞く〔須藤光輝　一九一六　五九五〜六頁〕

ここから、二〇世紀初頭にはそういった言説が行われていたことがわかる。「晩近」とは難しい言葉だが、「近頃」「最近」といった意味である。とすれば、天海＝明智光秀説は二〇世紀初頭に語られ始めたと考えることもできよう。

では、なぜ二〇世紀初頭だったのか。まず、考えられるのは天海への関心の高まりである。

天海の総合的な人物伝『大僧正天海』が上梓《じょうし》されたのと同じ年、天海の著作を集成した『慈眼大師全集《じげんだいしぜんしゅう》』が寛永寺の編で刊行されている。こうした大部の出版が同時に行われたのは、偶然ではない。

一九一六年といえば、元和二年（一六一六）の徳川家康の死から三〇〇年目にあたる。それに伴い、徳川家とゆかりの深い上野の東叡山寛永寺では、徳川家康の三〇〇年忌が行われた。折しも東京は奠都《てんと》五〇年を迎え、上野で博覧会も行われていた。すでに明治維新は遠くなり、繁栄する東京の礎《いしずえ》を築いた徳川家康を顕彰しようという人びとも多かったであろう。

大正のオカルトブームと怪僧天海

寛永寺は慈眼大師天海の開山であるから、寛永寺での徳川家康の遠忌法要の実施は、天海の存在をも想起させていく。天海と徳川の関係は深い。『慈眼大師全集』の題字を揮毫《きごう》したのは、第一六代徳川宗家の徳川家達《とくがわいえさと》であった。

こうした動向に加えて、大正期の一種のオカルトブームも、天海の存在に光をあてることになる。この時期は、大本《おおもと》などの新宗教が発展するとともに、精神療法・霊術などの呪術宗教的な民間医療が流行をしていた時期であった〔栗田英彦他編　二〇一九〕。

そんななか、占いなどの書物でも天海が言及されることが多くなっていく。こころみに、国立国会図書館の蔵書から、一九〇〇年からの四半世紀に刊行された占術書で、目次に「天海」の名が登場する書籍をリストアップしたのが**表**である。計七冊が多いか少ないかは判断が分かれるかもしれないが、一九〇九年から二五年までの一六年間に刊行された占術書に、繰り返し天海について触れられたということはできるだろう。

天海は密教僧として、加持祈祷や卜筮《ぼくぜい》も得意とし、当時から優れた呪力や占術で将軍家や幕閣からあつい信頼をよせられていたのは確かなようだ〔宇高良哲二〇〇四〕。大正期のオカルトブームのなかで、そうした側面に急速に光があてられ始めたことは、注意しておく必要がある。

つまり天海＝明智光秀説は、天海への社会的な関心の高まりに加え、オカルトブームの波が同時に押し寄せ、怪僧としての天海像が増幅されていったなかで誕

1909年	佐々木高明『大源術秘密奥伝——名·陶宮術研究極意—』（松成堂）
1910年	東光庵晋哉『運勢学秘事全集—禍福大鑑—』（天真館） 佐々木高明『天源淘宮運命開発秘伝』（春江堂）
1914年	松井総兵衛『万年嘉賀美—米作豊凶日日吉凶方位吉凶潮時早見—』（松井総兵衛）
1916年	田中茂公『姓名運命観』（不老禅室）
1923年	高橋北堂『二十大占法秘密口伝—古今あらゆる占の仕方—』（開心堂）
1925年	田中茂公『性《ママ》名判断』（神霊館ほか）

表　1900～1925年　天海に言及する占術書

生した、ということになるだろう。

自由民権運動と明智光秀

明智瀧朗《あけちたきお》は、後述する一九六七年に発表した『光秀行状記《みつひでぎょうじょうき》』の冒頭に、明智光秀の研究を始めた頃の空気を伝えている。

一九二三年（大正一二）の関東大震災後、「世の中が立ち直って民衆の声が大きく響くようにな」り、「尊氏や光秀が芽を吹き出し」て英雄視されたり、「光秀反逆の弁護論が識者の筆で書かれ出」したという。

後年の回想なので、鵜呑みにすることはできないが、従来の反逆者のイメージとは異なる光秀像が語られ始めた時代の雰囲気を伝えている。そこで、明智光秀に関する著作について確かめてみたい。

一八九七年（明治三〇）に『明智光秀』と題した小泉三申《こいずみさんしん》（小泉策太郎）による評伝が刊行された。これが、明智光秀の名をタイトルとする最初の書物であるという。

著者の小泉三申はジャーナリストとして活躍し、のちに財界に進出して実業家としても知られている人物である。本書は、二五歳頃の作品で、『偉人史叢』というシリーズのなかの一冊であった。

ここで論じられる明智光秀は、『明智軍記』などの軍記物に依拠しており、考証という点では問題もある。しかし、重要なのは、近代にあって「主殺しの大罪人」「暴逆無道」と言われていた光秀を堅忍謹厚な人物として捉え直している点である。また、「皇室に対して勤王の実を表し、或は租税を除き細民を賑恤し」たといって、その善政を評価する。

本能寺の変についても、明智光秀の心情を考慮すれば、むしろ「不遇を憐むの同情を呼ぶ」と擁護する。それまでの織田信長からの数々の不当な叱責や虐待を挙げ、ついに光秀が丹波・近江を没収されたことを「死刑宣告」に等しいと小泉はいう。そして、「本能寺の挙や、むしろ光秀の正当防衛なり。光秀を殺す者は信長なり。信長を殺す者また信長なり」と結論づけている。

小泉三申は、一八九四年（明治二七）に板垣退助を社長とする「自由新聞」に入社し、幸徳秋水らと親交を結んでいたことを想起すれば、思想的には自由民権運動などの影響を受けていたことは容易に想像することができよう。

本書が刊行された一二年後、一九〇九年（明治四二）には、文芸評論家で幸徳秋水とも親交のあつかった田岡嶺雲《たおかれいうん》が、民権左派の武装蜂起を題材にした『明治叛臣伝《めいじほんしんでん》』を公刊し、冒頭に「謀叛」の語を「此ほど痛快に響く言葉は無い」と記し、謀叛が「社会進歩の上に貢献する」ものだと主張している。

こうしたことから、一九世紀末頃には政治活動家たちの間では、「謀叛」を社会変革の手段として正当化するような論調も生まれていたと思われる。明智光秀のような「叛臣」に共感するような人びとも出てきていたのであろう。

明智光秀の弁護説

明智光秀の名を、そのままタイトルにした作品は、一九一〇年（明治四三）にも刊行された。著者は奥村恒次郎《おくむらこうじろう》（梅皐《ばいこう》）――山鹿素行《やまがそこう》や浅見絅斎《あさみけいさい》といった、江戸時代の思想家による著作の注釈書などもある評論家・新聞記者だ。

この『明智光秀』は、明智光秀の「一種の弁護説」だとある。光秀の主君殺害は戦国時代であれば珍しいことではないが、敗死したことによって大悪人にされたものだといい、むしろ信長の酷薄さや虐待のさまを語る。

こうした信長の酷い行為により、光秀はやむにやまれず主君を討つに至ったというストーリーは、すでに芝居でお馴染みのものではあった。これを、フィクションとしてではなく、「弁護説」として論じたところがポイントであろう。

その後、一九一六年（大正五）には、光秀を主人公にした小説が一〇〇回にわたって『東京朝日新聞』に連載された。武田仰天子《たけだぎょうてんし》という作家によるもので、タイトルはこれまた『明智光秀』だ。武田は教訓的な児童文学で知られていたが、大正期には歴史小説に転じている。小説は、すぐに講談社から単行本として刊行されている。

この小説では、やはり光秀に同情的で「主人を弑するに到つた経路を明らかにしたい」としている。本の口絵は、光秀が信長に打擲《ちょうちゃく》されている場面。当時の出版広告には、「悲絶《ひぜつ》壮絶《そうぜつ》歴史小説」とか「悲壮痛絶」とうたわれ、「乞《こ》ふ、此の悲壮曲を一読せられよ」とあおっている（一九一六年一月一五日『東京朝日新聞』朝刊）。

明智光秀の再評価

アカデミズムの世界でも同様の動きが始まった。田中義成《たなかよしなり》は、東京帝国大学の教授であり、日本中世政治史の研究で知られる。一九一二年（大正一一）の『南北朝時代史』から、一九二五年（大正一四）の『豊臣時代史』まで、史料に基づいた中世史を概観する通史も執筆している。

このシリーズのなかで本能寺の変について言及しているのは、一九二六年（昭和元）に刊行された『織田時代史』である。ここで田中は、信長は過酷な折檻《せっかん》を家臣に繰り返しており、こうした態度が松永久秀《まつながひさひで》や荒木村重《あらきむらしげ》などの離反を招いたとする。明智光秀の謀反もまた、信長からの侮辱、繰り返される折檻に「忍ぶ能《あた》はず」行われたものだとする。

中世を専門とする研究者が、このように信長にあった問題を指摘し、謀反もやむにやまれぬものとしたことの影響は無視できまい。

また、ジャーナリズムの方面からも、光秀を単なる謀反人とはしない議論が出てくる。徳《とく》富蘇峰《みそほう》は民友社《みんゆうしや》を結成し、総合誌のさきがけとなる『国民新聞』を創刊した。政界や言論の世界で活躍した彼の『近世日本国民史』は、一九一八年（大正七）から『国民新聞』に連載され、その単行本第一冊である『近世日本国民史　織田氏時代　前篇』は同年に刊行された。一九三四年（昭和九）に刊行の第三冊「織田氏時代後篇」に「光秀謀反の動機」が論じられる。信長の油断をついた光秀を「明巣狙《あきすねらい》」「火事場泥棒」というどぎつい言葉で表現している。しかし、光秀は「左程の悪党ではなかつた」といい、戦国の時代にあっては、すきを見せた信長を倒そうとするのは当然のことで、当時の「水平的標準より批判すれば、深く怪しむ可《べ》くもない事」という。

日露戦争と光秀像

こうして見れば、関東大震災後というわけではないが、一九世紀末から一九一〇年代にかけて、徐々に光秀を反逆者としてではなく、再評価したり、擁護するような動きが見えてきたとはいえよう。

時期からいえば、日清戦争の後であることに注目したい。日清戦争後、日本は下関条約で領有が認められた遼東《りようとう》半島を、ドイツ・フランス・ロシアからの介入で返還を余儀なくされた。この頃のスローガンが「臥薪嘗胆《がしんしようたん》」で、ロシアとの戦争に備える動きが始まっていった。そして、一九〇四年（明治三七）にはロシアと開戦することになる。

そうした時代背景を考えれば、織田信長のパワーハラスメントに堪えかねた光秀が、ついに立ちあがり、圧倒的な力を持つ者を打倒するというストーリーが受け入れられたのも納得がいく。酷薄な織田信長からの虐待に堪えかねた光秀の姿を、欧米列強の干渉を受けた日本の姿になぞらえて、共感とともに受容されていったのであろう。

そして、その後の大正デモクラシーといわれるような空気のなかで、比較的自由な光秀の評価が始まったということができるだろう。

明智光秀の再評価の動きと、怪僧天海のイメージが強調された一九一〇年代の、こうした状況が交差したところで、天海＝明智光秀という奇妙にも見える言説が浮上したということを確認しておきたい。

『国史異論奇説新学説考』「天海僧正実は光秀か」

一九三七年（昭和一二）、「天海僧正実は光秀か」という文章が掲載される書物が刊行され

『国史異論奇説新学説考』

ている。それは、藤井《ふじい》尚治《しょうじ》の『国史異論奇説新学《こくしいろんきせつしんがく》説考《せっこう》』である。

著者の藤井尚治は、『北陸タイムズ』や出版社の勤務を経て、樺太で刊行されていた新聞『樺太日日《からふとにちにち》新聞《しんぶん》』の主筆として、一九二一年（大正一〇）から一九二九年（昭和四）まで樺太に赴任し、その後は新潟時事新聞社で記者をしていた〔鈴木仁 二〇一九〕。それゆえ、本書の「序」に「私は学者ではない。新聞記者である」としているが、本文中では「郷土史研究に尽力し、集めた資料を時々新聞や専門の雑誌で発表して居た」と述べる（二三八頁）。実際、彼には『越佐《えっさ》地名考』や、古代語とアイヌ語の関係を論じた『日本古代語宝灯』などの著書もある。

そのタイトルのとおり、本書は日本史にかかわる奇説・異説を集めたもので、日本とムー大陸の関係を論じたり、始皇帝の命で仙薬を探しに日本へ来た使者という徐福《じょふく》を、イスラエルのヨゼフだといったり、義経が成吉思汗《チンギスハン》になったとか、かなり眉唾物の話が満載されている。こうした偽史言説《ぎしげんせつ》が、大正期くらいから流行していたことについては、近年になってその歴史的・思想的な背景も含めて、関心が持たれるようになってきている〔小澤実編二〇一七〕。本書に載る話題も、藤井の独創というよりも、それなりに知られたものを集めて独自の解釈を加えたものだといえそうだ。

近代の偽史について、民族・国家のアイデンティティ形成のなかで優越性を主張しようとする欲望や、領土拡大に伴って大陸に向けられる視線の存在が論じられてきた。著者の藤井尚治が、樺太とのかかわりが強いことを念頭に本書を読めば、同様のまなざしの存在を読み取ることも難しくはない。とはいえ、天海＝光秀説自体には、義経＝成吉思汗説やムー大陸などのような、ある意味での気宇壮大《きうそうだい》さはない。

ただ、筆者の藤井尚治は、こうした数々の話題を取りあげることについて、「史界の俗論党に対する宣戦の布告である」と鼻息が荒い。果たして内容はどうだろうか。

藤井尚治の天海＝光秀論を読む

既に見たように光秀が天海になったという話は、一九一六年（大正五）までには存在していた。だから、藤井自身も天海＝光秀説は「昔からあつた」とし、自身の独創ではないことを認めている。そのうえで、「私も多年この疑問について研究してみた」といっている。

そこでの論の組み立てでは、小栗栖での光秀の死を疑い、天海の前半生が明らかでないことを挙げ、天海の「如何にも光秀であったらしい数々の特色」を指摘していくものである。まず、天海＝光秀説を成り立たせるための手続きとして、明智光秀の死に疑問を投げかける。もっとも、軍記物語に記された小栗栖での遭難場面に関する記述に、不審な点をいくら挙げても、それ自体が史実とはいえないわけだから、あまり意味のある作業ではない。

そして、光秀の首を届けたという中村長兵衛の「実在が不明」という点を挙げて、光秀の死を「カモフラージする為《た》めに身辺の者が芝居がかりの工作を施した」とする。

しかし、中村長兵衛の名前が登場するのは、一八世紀に入ってからであることは既に論じたとおりである。実在不明というのも、見当違いの議論ということになる。

史料解釈に問題あり

さらに藤井は、中村長兵衛ではなく「作左衛門」（『醍醐随筆』では作右衛門）とする史料もあるが、「実在を確証すべき何ものもない」といい、次のように記している。

宝永年間と云ふと天正以後やつと六十年位であるが、其頃《そのころ》、京都の或る好事家《こうずか》が小栗栖の在所へ往《い》つて取調《とりしら》べてみた処《ところ》長兵衛の事を知つて居るものが一人もなく、又その子孫と称するものも居らず、只村民の間に昔、作左衛門と云ふ太力ある百姓があり、狼退治をやつたと云《い》ふ物語りが伝へられて居《い》るのみであつたと云ふ事を、醍醐随筆や其他に書いてある。

ここで、典拠として挙げられている『醍醐随筆』については、すでに見ている。藤井の説明と事実は全く異なっていた。第三章で紹介したように、ここには光秀を討った「作右衛門」とその子の喜兵衛の活躍が記され、知らぬ者はいないとばかりに書かれている。中村長兵衛の名前が登場する以前のものだから、長兵衛の名前が出てこないのは当然でもある。

つまり、この『醍醐随筆』による藤井の議論は曲筆《きょくひつ》といわざるを得ず、とうてい筆が滑ったなどといえるようなレベルのものではない。

光秀と天海の共通点

続いて、天海の前半生が詳《つまび》らかではないことが挙げられるが、これは事実には違いない。だが、いうまでもなく、それだけで天海が光秀だということにはならない。

そして、天海と光秀の共通点を六項目にわたって数えていく。まず最初に、天海の没年を一一八歳とする説があるが、それなら光秀の生まれ年と一致するという。だが天海の没年には諸説あるし、光秀が何年に生まれたかも確実な史料ではわかっていない。ここで、光秀が小栗栖で死んだとされる時の年齢を「五十七歳」としているのも、『黒田家譜《くろだかふ》』などに依っているようだが、現在ではあまり有力視されていないものだ。

続いて、慶長二〇年（一六一五）に、「光秀」によって比叡山に寄進されたという石灯籠があること。これは、天海＝光秀説の根拠としては定番のものだ。だが、「光秀」と刻んであるというだけでは、それが「明智光秀」なのかどうかもわからず、根拠としては薄弱だろう。

また、光秀の仏教への造詣の深さをいうが、多くは軍記による光秀の前半生を根拠とするし、「信長の宗教迫害に反対した」というのも誤りである。

以下、すべてを挙げることは紙幅の無駄なので省略するが、全般的に光秀については軍記物語に依拠しており、根拠としては問題がある。他は、天海と光秀との類似点を挙げたりするだけで、説得力のあるものとはいえそうにない。

とはいえ、一九三七年（昭和一二）にこうした「奇説」が、書物のかたちで世に出ていたことは、その後の影響を考えるうえで重要である。

小説『覇者交代』

鷲尾雨工《わしおうこう》による『覇者交代《はしゃこうたい》』という歴史小説でも、光秀が天海になったという話題が登場する。この小説は一九四〇年（昭和一五）一〇月と一二月の二回に分けて、書き下ろしで大日本雄弁会講談社から刊行されている。『国史異論奇説新学説考』の刊行から、わずか三年後であるが、直接的な影響があるかどうかは明らかではない。

表題のとおり、戦国の覇者となった織田信長の生涯と、その後を豊臣秀吉が引き継ぐまでの「覇者交代」劇を描く長編小説である。

著者の鷲尾雨工の名は、現在ではあまり知る人もいないかもしれないが、一九三五年（昭和一〇）には『吉野《よしの》朝太平記《ちょうたいへいき》』で第二回直木賞も受賞していた、戦中戦後は歴史物の大作で知られた作家である。

この『覇者交代』では、『国史実録《こくしじつろく》』『明智軍記』『川角太閤記《かわすみたいこうき》』『真書太閤記』に沿って、光秀の最期の場面を実に生き生きと描いている。

ところがその後、筆者がいきなり顔を出し、光秀の死に疑問を投げかける。光秀の首といわれるものが本物であるかどうかを疑い、天海＝明智光秀説を「けっして牽強《けんきょう》付会《ふかい》の妄説とのみは考えられないことをここに一言述べたい」と自説を展開していく。

根拠といえば、年齢の符合、天海の軍事・築城への造詣の深さ、大坂落城後の慶長二〇年（一六一五）に比叡山へ「光秀」と記した建碑があったことなどであり、藤井尚治の『国史異論奇説新学説考』とあまり変わらない。それとは明示されていないが、時期的には藤井の書物を参照した可能性もあるだろう。

小説のストーリーを進めるうえでは、この天海＝明智光秀説は必ずしも必要はない。いわば、豊臣家を倒すために光秀が潔く死ぬことではなく、あえて「生きること」を選んだ可能性を示し、光秀像に厚みを持たせるための趣向にすぎない。

ここでは、このような大衆文学のネタとして、一九四〇年（昭和一五）の時点で、天海＝明智光秀説が語られる程度には一般化していたことに注目しておきたい。『覇者交代』は、『国史異論奇説新学説考』のような、やや読み手を選ぶ、癖の強い書物では決してない。こうした大衆小説に取り入れられたことで、天海＝明智光秀説は徐々に知れ渡ることになっただろう。

『覇者交代』、その後

『覇者交代』の刊行から二年後に、坂本箕山《さかもときざん》によって上梓された『明智光秀』という書物がある。坂本箕山は、他に『頼山陽大観《らいさんようたいかん》』『元帥公爵山県有朋《げんすいこうしゃくやまがたありとも》』などの伝記をいくつも書いている人物だ。

戦時体制下での刊行ということもあろうが、「光秀は、皇室に対し奉り、終始一貫、忠勤を抽《ぬき》んでた勤皇の士であつた」として、光秀を天皇への忠誠を尽くした存在として持ちあげる。「誤り伝へられ、祀られぬ鬼となつた彼を弔ふてやるのも、読書人の人情味ではあるまいか」として、光秀の生涯を語っているものだ。

そこでは、本能寺の変の後で朝廷に金品を献上したことや、京都（＝「皇都」）の治安維持に尽力したことなどが「皇室尊崇」の証拠として挙げられている。

注目すべきは、この本の中でも「光秀の死に関する諸説」として、「一説」に光秀が天海になったということが記されている。

ここで光秀＝天海について触れるのは、僅か三行の記述にすぎない。強く主張するわけでもなく、紹介程度にとどまっている。だが、重要なのは本書の口絵にある「明智光秀筆蹟」である。次に紹介する『光秀行状記』に天海の書と並んで掲載され、筆跡の類似が主張されている光秀書状と同じものである。

戦後に話題となる明智瀧朗の『光秀行状記』は、本書のように勤皇・皇室への忠義を過剰に強調するような書物ではないが、天海＝光秀説を論じるにあたっての着想を、ここから得たのかもしれない。

戦後になると、フィクションの世界では時代小説家の早乙女《さおとめ》貢《みつぐ》による『明智光秀』が登場する。光秀の生涯を描いた作品だが、山崎の合戦で終わらない。尾鷲雨工の『覇者交代』では、光秀＝天海説を紹介しているにすぎないが、本書では、むしろ後半にあたる山崎の合戦「その後」に筆の冴えを見せている。

この作品の初出は一九六一年だから、こうした話題を本格的に採用した、比較的早い時期の作品だ。かなり斬新だっただろう。

『光秀行状記』の登場

天海＝明智光秀説を広めるうえで大きな影響力を持った作品が、明智瀧朗『光秀行状記』である（明智瀧朗 一九六七）。著者の明智瀧朗は、その名からもわかるように、明智光秀の末裔だという。第四章で触れた、明田利右衛門の流れを汲んでいる。

明田家は、一八八一年（明治一四）に明智姓に改姓したことは既に触れたとおりである。この家から能楽師山階家へ嫁入りし、その孫の瀧朗は、実子を亡くした本家に養子となって明智家をついだという。本書によれば、小学校時代に「逆賊の子孫なのか」と先生にいわれたり、「逆賊」というあだ名が付いたりして、かなり嫌な思いをしていたようである。

後年になり、「光秀を研究して」祖先の実像を明らかにし、小学校時代の「逆賊」のあだ名を返上しようという思いで書かれたものだという。

『光秀行状記』

明智瀧朗は本書冒頭において、一九二三年（大正一二）の関東大震災で、明智家の「三種の神器」とされる、先祖伝来という系図・光秀自筆の和歌短冊・光秀所用の能管《のうかん》を喪失したことに触れている。その時は、それほどショックでもなかったようだが、世の中で光秀への関心が高まってくると、自身も光秀について色々と調べてみるようになったという。

そうしたなか、「或日《あるひ》東京朝日新聞の記者」から「趣味の講座」の依頼があり、「一度光秀論」を語ったという。この時の「記者」は、歌人・国文学者として知られることになる土岐《とき》善麿《ぜんまろ》だったという。

それはともかく、この「講座」の案内と思われる記事は、一九三二年（昭和七）六月一日の『東京朝日新聞』に掲載されている。そこに載る概要を見れば、光秀はその後の時代に筆誅《ひっちゅう》を加えられ、真の姿を書いたものがないようだが、豊臣秀吉賛美の『太閤記』ですら「しい逆のやむなかりし所以を述べてゐる」とする。この記事から見て、当時の明智瀧朗の話題のポイントは、光秀が信長を討ったのは「やむなかりし」事情があったからであるという、擁護論にあったということになろう。

『覇者交代』や坂本箕山の『明智光秀』刊行は、この「講座」よりも後のことになる。明智瀧朗は、戦前の時点では天海＝光秀説について語っていなかったのではないだろうか。

『光秀行状記』を読む

東京朝日新聞での「講座」から、三五年を経て上梓されたのが、『光秀行状記』である。天海＝明智光秀説を語った書物だというと、どうもあやしげな本のように思うかもしれないが、「遺跡を追うて郷人の声を聞き、史実に即して」書いたと本人もいっている。『中部経済新聞』に連載していたということで、くだけた表現なども見られるが、現地調査や文献に基づき、明智光秀の事績を丹念にたどった「行状記」である。いくつもの史料を引用し、現地を踏査したうえで書かれている。後年の軍記物語などを多く参照している点で、現在の歴史学的な水準から見れば問題がないとはいえないが、全般的にいえば堅実な評伝といえよう。

天海＝明智光秀説が書かれているのは、最後に置かれた「後日譚」という章である。ここには、山崎の合戦から三三年を経た慶長二〇年（一六一五）に、寄進された石灯籠に「願主光秀」とあること、天海の若年時の行動が不明なこと、徳川家康が初対面の天海と、旧知の間柄のように会話をしたといわれること、天海と光秀の筆跡が似ていることなどを根拠として、両者が同一人物ではないかと論じていく。

もっとも、巻末の「光秀年譜」を見れば、天正一〇年（一五八二）六月一三日の項には「光秀敗走、小栗栖に斃《たお》ると報ぜられる」とし、年譜は六月一五日「秀吉粟田口に光秀の首級《しゅきゅう》を梟曝《きょうばく》す」で終わっている。

ここでは、狂信的《ファナティック》に奇矯な説を主張するわけではなく、抑制された筆致で虚実の間を行き来して楽しむような余裕が感じられる。

天海＝明智光秀説の広がり

明智光秀が天海となったという話題が広まっていくと、こうした話が小説などの格好のネタとして採用されるようになる。

例えば、推理作家の内田康夫《うちだやすお》は、天海が明智光秀だったという話を取り入れた作品を書いている。内田康夫は、各地の伝説や歴史を巧みに取り入れた、旅情ミステリーで知られている。その作品の一つ、『日光殺人事件』が天海＝光秀説を素材にしたもの。初出は一九八八年である。「天海僧正が明智光秀だっていう話」を取材するために、ルポライターの浅見光彦が訪れた日光で、事件に巻き込まれる。華厳滝で見つかった白骨死体は明智光秀の末裔かといわれている資産家の次男で……というもの。未読の方のために詳しくは書かないが、天海＝明智光秀説を組み込んだ旅情ミステリーになっている。

この小説では、主人公は天海が明智光秀だという話を聞かされて、「そんな話、聞いたことがありませんよ」と言っているし、登場する郷土史家も「郷土史家でそういうことを言っている人は誰もいませんよ」と話している。一九八〇年代には、それほどポピュラーになっていたわけではなく、知る人ぞ知る話題だったのだろう。

しかし、こうして小説などのかたちで取り入れられたことで、歴史にあまり関心のない人の間でも次第に天海＝光秀説は知られるようになっていった。その後は、テレビ番組などでも盛んに取りあげられ、一般に知られるようになる。

第八章

明智光秀像の生成——通俗軍書と都市文化

書物と口頭伝承の相互関係

ここまで京都を中心として、明智光秀をめぐる語りの生成と展開を見てきた。ここでは、それぞれの歴史や背景を持ったイエ・地域社会や寺社などが、通俗軍書《つうぞくぐんしょ》の言説を受けて、時に話を変容させながら、時代とともに多様な発信をしてきたことが浮き彫りになった。そして後には、マスメディアもさまざまな明智光秀像をつくりあげてきたようだ。

民俗学者の岩田重則は、「軍記の物語の伝説化」を想定〔岩田重則 二〇一九〕している。だが、第三章で見たように、そもそも小栗栖で明智光秀が討たれたという軍記物語の話は、太田牛一が耳にしていた、現地の噂話を取り入れたものかもしれない。

また、談義僧や寺院の法要、開帳の場で行われる俗談をからめた法話などが、文学に与えた影響も無視しえない。とすれば、ことは「軍記の物語の伝説化」というような単純なものではなく、口承と文字との相互影響関係が、絶えず起きている可能性に注意する必要がある。とりわけ、京都・大坂といった上方には数多くの板元があり、厖大な書物を近世の初めから刊行してきた地域である〔今田洋三 二〇〇九〕。また、首塚のところで注目したように、法要や遠忌《おんき》の際に発行された、略縁起のような簡易な印刷物の影響も看過できない〔石橋義秀・菊池政和編 二〇〇七、中野猛・山崎裕人・久野俊彦編 二〇一二〕。

当然、京都やその近郊となれば、書物や刷り物などによる情報に接する機会も多く伝承に影響を与えることもあるだろう〔小池淳一　一九九六、小池淳一　二〇〇九〕。

地域社会の側でも、社会構造の変化や歴史意識の高まりに伴い、「史蹟」が「発見」され、建碑などをとおして顕彰していく行為が見られるようになる〔羽賀祥二　一九九八〕。こうした情報が名所図会などに掲載されて、再生産されることもあろう。

だから、書物と口承は区別すべきではなく、両方に目配りをして、どのような話が、いつ、どこで、誰によって、どう発信されたかを明らかにすることが重要である。明智光秀の多様な話も、書物と口承のあいだで変奏されながら、受容されていったのだろう。

こうした軍書の影響は、近世で終わったわけではない。国文学者の松田修《まつだおさむ》は、毛利氏の歴史を描く軍記物である『陰徳太平記』が、幕末の長州人にとって重要な歴史書として想起され、アイデンティティ形成に影響を与えたと指摘する〔松田修　一九八一〕。とすれば、長州藩閥《ちょうしゅうはんばつ》が牛耳るようになる近代の政府においても、水戸学や国学に依拠する歴史観の基底には、軍書でつくられた物語があったといえよう。

そして、近代で軍談・軍記にルーツを持つような大衆小説を掲載し、人気を呼んで国民雑誌となったのが『キング』である。こうした雑誌が国民国家の形成に果たした役割については、すでに指摘があるとおりだ〔佐藤卓己　二〇〇二〕。

現代においても、大河ドラマでは繰り返し戦国時代を舞台とした作品が登場しているが、これも一種の軍記・軍談ということもできよう。

軍書の影響力は、かたちを変えつつも現在まで及んでいる。軍談が社会意識に影響を与え、時に忠臣などの理想像をとおして国民道徳の形成に関わってきたとすれば、それによって社会が、あらぬ方向に舵を切ることのないように注意を払う必要はありそうだ。

明智光秀譚の成長

あらためて、一六世紀末からの明智光秀をめぐる物語の展開過程を振り返っておこう。まず、天正一〇年（一五八二）の本能寺の変から山崎の合戦直後は、豊臣秀吉による情報戦のなかで戦略的に戦果が書状で各地に届けられていた。その後も、織田信長の葬儀から間もない時期に、大村由己が書いた『惟任退治記』なども、そうした秀吉による宣伝のひとつであろう。事実、『惟任退治記』は、本願寺顕如の前で朗読されてもいる（『貝塚御座所日記《かいづかござしょにっき》』天正一三年七月一〇日）。

興味深いのは、大村由己は太閤能と呼ばれる、秀吉を主人公とした新作能の制作にもかかわっていたことだ。『明智討』といった作品もあった。秀吉が天下人として、ゆるぎない地位を占めるようになれば、秀吉の功績は大村由己による記録に加えて、太閤能という演劇によっても発信され、複数のメディアによる宣伝が繰り広げられたということになろう。

ここでは主君の織田信長を、裏切りによって殺害した明智光秀を討つという、秀吉自身の行為を強調することになるが、光秀を戦場で討つことはできなかった。そのため秀吉は、光秀の惨めで不名誉な死を発信することに力点を置くことになる。

そこで、小栗栖で秀吉に呼応し、光秀軍の後方遮断に参加していた者の間で、光秀を討ったらしいという話が広がっていったのかもしれない。そうした噂は秀吉にとっても不都合なものではないから、容認されただろう。

太田牛一が、小栗栖での光秀の最期を自らの『太田牛一旧記』に取り入れたように、御伽衆などを介して、軍書や雑談を集めた書物に書き留められた話題でもあったであろう。祖先の活躍などを記録して伝える際にも、より印象的にするために強調して語られることもあったかもしれない。

とはいえ、そうした作品の多くは写本で伝わっていたもので、不特定の目に触れるものではなかった。

また、山崎の合戦で戦功をあげた人びとにとっては、明智光秀は柔弱《にゅうじゃく》な存在であっては不都合であった。武人としてひとかどの存在であってこそ、山崎の合戦での武功が輝きを増す。光秀の武人としての嗜《たしな》みをいう話も生まれていく。一方、京童たちによって敗者の光秀をこき下ろすような、ゴシップめいた話も巷間に広まっていった。

本能寺の変からまだ間もない頃には、それぞれの立場や思惑により、多様な語りが生まれ、そして消費されていた。

近世の明智光秀像

ところが、大坂夏の陣を経て、平和な時代が到来すると事情が変わってくる。あいついで軍書が板本として刊行されるようになるのである。こうして、限定されたコミュニティの間だけではなく、地域や集団をこえて、不特定多数の読者の目に過去の物語が触れられるようになる。

そしてこの頃に、明智光秀像と深いかかわりがある作品が出版される。寛永一一～一四年（一六三四～三七）刊の、小瀬甫庵による『太閤記』である。

ここでは、太閤豊臣秀吉を主人公として、その活躍を描いている。光秀の謀叛は「天命に背きし」とか「天理に背く」とされ、光秀を討った秀吉は「威光かゞやき出」たとする。光秀は、秀吉を引き立てる敵役《かたきやく》の扱いといえようか。

この時期の軍書は、単なる事実を伝えるだけにとどまらず、戦略や戦術についての教訓を得る、軍学の色彩が強くなる。また、治世を学ぶための教材として歴史を批判し、解釈を加えていくようになるという〔井上泰至　二〇一四〕。

興味深い話題でも、それが事実であってこそ、はじめて教訓たり得るエピソードになる。一七世紀の軍書の記述は、教訓となるような事実、実録として受けとめられていくことになる。それ故『太閤記』には、記述に誤りがあるといって、藩庁を介して苦情を述べている例も指摘されている〔長谷川泰志　二〇〇九〕。

ここで、読み手が事実との相違に敏感になっていることは看過すべきではない。この頃には、現実の戦場で武功をあげることが不可能になっている。先祖の勲功が、子孫の俸禄を保証するものになっていたからである〔井上泰至　二〇一四〕。

寛永一八年（一六四一）には徳川家光の命で、大名・旗本の系譜と武功を記した『寛永諸《かんえいしょ》家系図伝《かけいずでん》』の編纂も進み、過去の戦功などに基づいて家格が固定化していく。しかし、文書や記録も戦国期の混乱を経て失われていることも多く、祖先の武功を証明するための拠り所として、軍書に期待されることも多かった〔長谷川泰志　二〇〇九〕。

もちろんこの頃には、戦争を実体験として知っている者も多く存命であった。例えば、子どもが集まり、「むかし物がたりなされませ」とせがまれると、関ヶ原の合戦での体験を語っていたという女性は八〇歳を超え、寛文年間（一六六一～七三）までは存命であった（『おあむ物語』）。織田信長や豊臣秀吉の記憶を語っていた江村専斎が、百年の生涯を閉じたのも寛文四年（一六六四）のことであった（『老人雑話』）。

江村専斎が語った『老人雑話』の光秀像のように、類型化された人物像であっても、実体験として戦争を知っている世代の語りは、それなりの真実味と重みをもって受けとめられていたといえよう。

小栗栖では、明智光秀を討ったという作右衛門の記憶も現地でなお鮮明で、その武勇譚もいきいきと伝わっていた。洛西の革嶋家が、明智に味方したことで所領を失ったことを書き記したのも、この時期であった。牢人＝武士としての家格を語るための由緒である。

明智光秀の子を名乗る玄琳が、明智系図を書きあげたのも、光秀の五〇回忌となる寛永八年（一六三一）だ。系図の真偽はひとまず措《お》くとしても、光秀の「子」が存命している可能性があり、その手による系図が真正なものとして受容されうる環境にあったことは間違いあるまい。

軍書登場人物の類型化

一方で、軍書は軍学や治世の教訓書として読まれていく。通俗軍書類は板本であったから、多くの人が手にして読むことができた。その影響力は大きかっただろう。軍書は、身分の上下を問わず好まれたジャンルで、娯楽や教養、教訓書などそれぞれの目的で受容され、人びとの「読書の基礎」になっていたという（長友千代治　一九八二）。

その後、延宝期（一六七三）を迎える頃から、軍書は長編読み物が多くなっていく。戦争を知らない世代による、娯楽と歴史に特化した作品の時代だという〔笹川祥生 一九九九、井上泰至 二〇一四〕。

明智光秀像は、この頃に刊行された通俗軍書、なかでも『太閤記』の影響下でつくられていった。すでに明智光秀のリアルな記憶は遠くなるなか、その人物像は、次第に作品のなかでつくりあげられていく。類型化や理想化、そして誇張——キャラクター化といってもいいだろう。

そうした世相のなか、明智光秀像を語るうえで重要なのが、元禄一五年（一七〇二）刊の『明智軍記』である。明智光秀を主人公とした物語の登場である。

それまでの光秀像は、『太閤記』で評されていたような「天命に背」いて謀反を起こした者であり、だから秀吉に討たれたというものであった。

しかし、戦国時代の日本で広まっていた「天道《てんどう》」の思想からいえば〔神田千里 二〇一〇〕、光秀に討たれた信長も「不仁」であり、天道に背いていたからだという理屈になる。天道に背く者は罰を受ける。だから、罰を受けたものは天道の加護を得られなかった者なのだ。非は信長にあり、光秀にはないということだ。『明智軍記』では、こうして明智光秀を反逆者から、やむにやまれず信長を討ち、その謀叛の結果による自身の死を受け入れていった、悲劇の主人公となる。

この『明智軍記』で描かれる明智光秀は、軍師・鉄砲の名手・築城名人という武士として、理想化されている〔二木謙一　二〇一九〕。新たな、そして魅力的な明智光秀像の誕生である。

長編軍記の流行と軍記の解体

一八世紀の軍書のなかには、敗者の生存と流転などを描く、偽書《ぎしょ》的《てき》な作品も生まれている。源義経が衣川《ころもがわ》で死なず、北方へ逃れていくという話は珍しいものではない。南朝の皇子や明智光秀の生存を語ることも、その延長線上にある。国文学者の井上泰至《いのうえやすし》がいうように「事実対虚構といった二項対立の単純な歴史感覚で割り切っても意味はない」であろう〔井上泰至　二〇一四〕。山崎の合戦で光秀は死ななかった――これもまた、一八世紀に生まれたひとつの明智光秀像である。

こうした現実離れした発想の自由さは、戦争を実体験として知っている世代がいなくなったことも、その背景にあるだろう。一八世紀は、「戦後世代による安穏の時代」ということもできそうだが〔村上紀夫　二〇一九〕、戦争の記憶が過去のものになった時、戦争は娯楽作品の素材となり、新たな物語が生み出されて消費されていく。

享保七年（一七二二）の出版取締令により、大名・旗本の先祖について書いた書物の刊行が厳しく規制されるようになる〔今田洋三 二〇〇七、今田洋三 二〇〇九〕。その結果、軍書の刊行は下火になった。その後は、歴史・教訓・軍事・娯楽などの諸要素に特化した作品がつくられはじめ、軍書というジャンル自体が解体するという〔井上泰至 二〇一四〕。

その後は、むしろ史実から自由なフィクションの歴史小説――読本――などが読まれていくようになる。こうした読本や芝居では、時に娯楽性を増すために、親しみやすい人物造形など、作家的な工夫が重ねられていく。

明智光秀という人物は、主君に刃を向けた天罰として惨めな死を迎える反逆者、あるいは暗愚な武将、仁政を施した名君、理不尽な暴力に堪える苦労人、室町将軍に対する忠義の士、茶の湯や連歌につうじた文化人、寺院を復興した信仰心あつい人物、野心家、そして近代的な合理主義者……キャラクター化されるにしても、その振幅は実に大きい。選択肢は多く、物語に応じて人物像をつくりあげることもできただろう。

さらにいえば、享保七年（一七二二）の出版統制後にあっても、明智光秀を祖とする旗本や大名はいない。だから、創作にあたっても比較的自由にすることができた。

もうひとつ、こうした自由度を用意するのが、明智秀満の墓が見つかったという噂があった時にもいわれた言説である。すなわち「逆叛人なるが故に、伝記に載する事なければ」というロジックである。謀反人だから、史料に残らない――これは、いかなる空想をも可能にする魔法の言葉である。

その後の明智光秀像をつくるうえでは、寛政九年（一七九七）から刊行が始まった『絵本太閤記』や、そこから着想を得た人形浄瑠璃『絵本太功記』（寛政一一年初演）などの影響も大きい。そして、事実・虚構を問わず、多様な光秀にかかわる挿話《エピソード》が生まれていくことになる。

口頭伝承の変容

こうした軍書の解体と読本への展開は、文芸の世界だけにとどまらない波紋を広げていくことになる。軍書によってつくられ、広がったエピソードをもとにして、それぞれの語り手が自由に変奏をしていくことになる。

京都では一八世紀に、『山州名跡志《さんしゅうめいせきし》』『山城名勝志《やましろめいしょうし》』などの京都の名所をつぶさに取りあげた地誌が刊行される。それらの書物では古記録などとともに、通俗軍書も参考文献として参照されるようになる。

近世京都は観光都市となり、多様な名所に人びとが足を運ぶようになる。戦跡もまた、「名所記」によって過去の合戦譚を想起させる「名所」のひとつになっていく。

さらにいえば、軍書と地誌との距離は想像以上に近い。例えば、初期の京都地誌『京《きょう》雀《すずめ》』を執筆した浅井了意には、『北条九代記』『将軍記』などの作品がある。京都地誌としてベストセラーになる『都名所図会』の著者である秋里籬島には、『絵本拾遺信長記』などの作品があり、歴史物への関心は高い。軍書作者によって、名所記が書かれ、軍書で名所をめぐる新たな物語も作られていくわけだ。

古戦場などが名所となっていくと、岩田重則がいったような軍書の記載内容に沿った史跡が、地域で「発見」されていくようになる。地域でも新たな伝承を生んでいくことにもなるだろう。そして、明智光秀ゆかりの地は、時に史跡として意識され、地域の人びとや一種の聖地として霊験を期待する信者、そして「末裔」などによって整備されていく。

整備された史跡は、観光資源となっていくことになる。明智光秀の首塚などは、所有者が次々と変わっていくなかで、こうした名所としての発信を行っていた事象といえよう。

また、光秀ゆかりの寺社などでは、法要や開帳の場で、その由来を語っていたであろう。明智光秀の位牌を持ち、法要を行っていた寺院については既に見たとおりである。また、享和三年（一八〇三）の鞍馬寺開帳の際には多種多様な宝物が公開されているのだが、そのなかに「明智光秀鎧《よろい》一領」も含まれていた（『華頂要略』）。宝物開帳にあたっては、由緒来歴《ゆいしょらいれき》が語られることが多く、ここでも鞍馬寺と明智光秀の関係などが説明されただろう。

一方で、既存の伝承が押し流され、あるいは変容することもあろう。小栗栖では、作右衛門の末裔がいなくなったことで、中村長兵衛という新たな人物が、談義僧などの間で創出され、その後の読本や芝居等で取りあげられ既成事実化していく。そして地域を離れ、芝居や文学作品などの登場人物として、自在に変容をしていくのである。

近代の明智光秀像

類型化されたある種のキャラクターとして、明智光秀像はそれぞれの立場から多様な発信をされた。また、その多様なキャラクターのなかから、相応しい人物像が選択され、加工されて受容されてきた。そこには、発信や受容のありかたに多様性という自由度があった。その自由が否定されていくのが、明治維新後の社会である。

近代になり織田信長は、室町将軍家に抑圧されて、衰微《すいび》していた朝廷の再興をした勤王家とされる。神と祀られた徳川家康を相対化する意図もあって、明治新政府は織田信長を建勲《たけいさおじんじゃ》神社に、豊臣秀吉もまた豊国神社に、神として祀りあげる。

いわば、信長と秀吉の神格化が国家的に進められたことになる。だから、明治四年(一八七一)に明智光秀の首塚は、京都府知事から破壊を指示されたのである。

同じ年の一〇月八日、太政官は「旧来ノ由緒ヲ以《もっ》テ郷士百姓町人共ノ内、屋敷地山林等地子免除ノ分一切廃止」し、地税の上納を命じている(『法令全書』)。明智光秀以来といわれていた京都の特権である地子免除も否定されてしまう。仁政を施したという明智光秀のイメージは後退していくことになるだろう。

自身のルーツを明智光秀の地子免除としていた都市京都は、ここで新しい起点を求めていくことになる。近代になって、京都では平安京への遷都を行った桓武天皇を強く意識するようになったり〔吉岡拓 二〇一一〕、豊臣秀吉に始まる絢爛豪華《けんらんごうか》な桃山文化を再発見していくのはそのためであろう〔高木博志 二〇〇六、高木博志 二〇一九〕。

大正デモクラシーと戦時体制

しかし、大正デモクラシーのなかでは、学問的にも創作の場でも、明智光秀の再評価や擁護が始まっていた。光秀が天海になるという、奇抜な議論さえなされるようになる。

その後、自由さは次第に失われていく。一九三五年、天皇機関説事件をきっかけとして、当時の内閣は天皇が統治権の主体であるという声明を出すことになり、その後は軍部が政権を掌握していくようになる。

こうしたなか、「勤王家」の織田信長に反逆した明智光秀は、主君のみならず天皇への反逆者として、「逆賊」のレッテルが貼られる。光秀を語るにあたっては、皇室尊崇、皇室への忠節をことさらに強調することで、ようやく可能であった〔坂本箕山 一九四二〕。

その後、国史教科書を見れば、織田信長は天皇への奉仕が道半ばで絶たれた、悲劇の英雄として造形されていることがわかる。例えば、一九三五～六年（昭和一〇～一一）から使用されることになる第五期国定教科書『小学国史　尋常科用　下巻』には、信長の死を次のように書く。

　さきの天皇の仰《おおせ》を受けて以来、早く天下をしづめて、大御心《おおみこころ》を安《やす》んじ奉ることにつとめ、まさにその業を成しとげようとしてゐたのに、にはかに光秀のためにたふれた〔倒れた〕のは、まことに惜しいことであつた

このような記述は、一九四一年（昭和一六）から使われた、第六期国定教科書『初等科国史』でも踏襲されている。逆賊明智光秀のイメージは、教育の場で固定化され再生産されていくことになる。

戦後社会と明智光秀

戦後は、こうしたナショナリズムからは自由になり、実証的な方法によって明智光秀の実像に迫ろうとする研究も、数多くなされていくようになる。

吉川弘文館から刊行されている、評伝で定評のある人物叢書《じんぶつそうしょ》というシリーズの第一作が、高柳光寿による『明智光秀』であったことは象徴的といえる（高柳光寿　一九五八）。本書で、

明智光秀を論じるにあたって「主殺しなどという問題で彼を論ずることは江戸時代の儒者の為事《しごと》で十分」だといい切っている。

高柳による光秀評は、その時代の空気を感じさせる「新日本建設の助力者」というものであった。織田信長は、自然発生的な中世国家を合理主義の精神で終わらせ、「国家らしい国家」を作り出そうとした存在と位置付けている。明智光秀も合理主義者であって、信長の果たそうとした目的を実現しようとしたと積極的に評価する〔高柳光寿 一九五八〕。

人物叢書というシリーズは、「日本歴史の上に大きな足跡を残した人々、もしくはある時代、ある階層を代表するような人物」の「正確な伝記」執筆をめざしたものである（「刊行の辞」）。とすれば、戦後歴史学のなかで、ついに明智光秀は「新日本建設」にあたった重要人物の一人として、検討の対象になったといえる。

近年は、新史料の発掘や史料の再検討も進み、明智光秀の実証的な研究の進展は著しい。実証的な明智光秀の研究をするためには、これまでの読本や小説などでなされてきたような、単純化や誇張と表裏一体のキャラクター化とは距離をとらなければなるまい。多くの人間がそうであるように、歴史上の人物もまた、複雑で多面的な存在であるはずだから、学問的な手続きとしては当然のことではある。

だが、複雑な要因が絡んでいるであろう歴史上の事件である本能寺の変について、近年はナントカ説などとパターン化して解釈しようとする言説を見かけることも多い。単純化された一元的な理由によって、歴史的事象を説明しようとする行為もまた、光秀像類型化の延長線上にあるのかもしれない。

また、つくられたキャラクターとしての明智光秀像で、地域おこしや文化イベントとして持ちあげるのは、近世以来の「由緒」の発信ともいえる。ただ、それが史実であるかのように行政や公共機関が語るのは望ましいものではないだろう。

一八世紀には軍書というジャンルが解体し、歴史・教訓・娯楽などに分化し、発展していった〔井上泰至　二〇一四〕。それを混同するような行為は、時代に逆行するものだ。

もちろん、明智光秀や本能寺の変について語るのは歴史の研究・考証だけの専有物ではない。娯楽（小説・ゲーム・ドラマなど）や教訓（ビジネス書など）といったかたちでも、明智光秀や本能寺の変が取りあげられている。

こうした創作の場などにおいては、いくつもの作品が生まれ、多様な明智光秀像が描かれていくことだろう。キャラクター化した光秀像もまた、創作の世界であれば、江戸時代から試みられてきた、魅力的な人物を造形するための手法である。フィクションはフィクションとして、楽しめばいい。

研究が新しい創作に刺激を与え、フィクションによって社会的関心が高まることで研究が活性化し、地域おこしにもなるような相乗効果が起こるのが理想である。とはいえ、近世の軍書のように、軍事に活用されるようなことがないことを祈りたい。

とにかく、戦前の窮屈さを思えば、研究でも創作でも、それぞれの方法で多様な光秀像を自由に描くことができる社会こそが、望ましいといえるだろう。

終章

白井河原の光

『摂津名所図会』「白井螢狩」（国立国会図書館蔵）

摂津国島下郡《せっつのくにしましもぐん》の郡村《こおりむら》にある白井河原《しらいがわら》のほとり――。

夜になると小さな光が点滅しながらいくつも浮遊する。そこでは、初夏の末頃から、多くの螢《ほたる》が飛んでいた。そういえば、このあたりでは「天正年中に」明智光秀の一族が、数多く戦死したらしい。

この光は戦死者の「鬼火」ではないか。地元では、そういい伝えられていた（『摂津名所図会《せっつめいしょずえ》』巻五）。

島下郡郡村（現・茨木《いばらき》市）で、白井川はこの付近を流れる茨木川のこと。かつては、螢狩で名高い場所であった。

『摂津名所図会』は寛政八年（一七九六）から二年かけて刊行された秋里籬島による、摂津国の名所を絵入りで紹介した地誌、観光案内書である。この記事は、「白井螢見」の項に載るものである。

なお、この話は元禄一四年（一七〇一）に書かれた地誌の『摂陽群談』にも、同様の記述が見えるから、一八世紀初頭にはこうした伝承があったのだろう。

白井河原は、元亀二年（一五七一）に、勢力拡大を目論む荒木村重《あらきむらしげ》・中川清秀《なかがわきよひで》らと、織田信長方で高槻《たかつき》城主の和田惟政《わだこれまさ》が茨木川を挟んでぶつかり、激戦をくり広げた場所である。多くの死者が出たというが、時期は「天正」ではない。また、明智光秀は調停にあたっているが、明智光秀一族が戦死するような事態にはなっていない。

「天正」の明智光秀一族が多数戦死する戦闘といえば、山崎の合戦が思い浮かぶが、場所は大きく離れていている。

つまり、史実とは乖離《かいり》しているのだが、山崎の合戦から二〇〇年以上の年月を経てもなお、人びとは夜に螢の光を眺めながら、明智光秀の死を想起していたのである。

あとがき

ことしの三月はいつもと違う春だった。

まさか自分が、明智光秀を主題とした書物を書くようなことになろうとは思ってもいなかった。いつもと違う春には、いつもと違うことが起こるようだ。

もともと、本書第四章のもとになる論文（「流転する明智光秀の首塚」『奈良史学』第三七号、二〇二〇年）を発表した際、首塚だけではなく、胴塚もちゃんと研究しておかないと、首と胴がつながらないから供養にならない――そんな気がしていた。やり残した仕事を片付けるようなつもりで、小栗栖関係の史料を集めて読み進めはじめたのは二月下旬頃のことだっただろうか。

そうしたなかで起こったのが、新型コロナウィルス騒動である。三月の会議、研究会、出張、史料調査などが、ことごとく中止・延期になってしまって予定が真っ白になってしまった。初めてのことで戸惑っているうちに、感染拡大を告げる報道も増えていき、徐々に状況は深刻さを増していった。

そんな先の見えない不安から逃避するように、執筆に没頭していた。私自身は、この月日を過ごすにあたって、史料を読み、考え、書くことで、ずいぶん救われたように思う。うまくいえないが、「過去」と向き合うことは、そこから地続きの「現在」をあらためて確かめる作業でもあったようだ。

とはいえ、執筆にあたっては、図書館や資料館に籠もって文献調査をしたり、現地調査や聞き取りをするなどといった、それまで当たり前にできていた作業が難しくなったことには閉口してしまった。人文の学知（humanities）が、対面によるコミュニケーションと紙というメディアによってなり立っていることを痛感した。

資料館・図書館などの休館が続き、史料や図書の閲覧環境に制限があったなかで、予想以上に執筆がはかどったのは、勤務先の大学図書館の恵まれた蔵書によるところが大きい。大学図書館も、四月の緊急事態宣言が出されたことで休館となったが、その後は国立国会図書館や東京大学史料編纂所、国文学研究資料館などの諸機関がｗｅｂ上で公開しているデジタルアーカイブに助けられ、なんとか作業を進められた。

最初から本にするようなつもりで書いていたわけではなかったのだが、それなりの量の原稿になると欲も出てきてしまう。そこで、以前にお世話になった創元社の山口泰生さんにご相談をしたところ、ありがたくも前向きなお返事をいただくことができた。その後も、前著同様に驚異的な早さで刊行にむけて作業を進めて下さった。不注意による誤りや不統一の多い拙稿が、いくらか読みやすいものになっているとすれば、山口泰生さんのお力によるものである。

そして、この本の原稿を書いていた間、ずっと引っかかっていたことがあった。勤務先の大学では、新型コロナウィルスの影響で、二〇一九年度の卒業式が中止になってしまったのである。約三年間という、決して短くはない時間を共有し、一緒に学んできたゼミ生たちの旅立ちに、お祝いをいう間もなく年度が替わってしまった。多くの不安を抱えての旅立ちになったとは思うが、彼ら・彼女らの前途が明るいものであることを心から願わずにはいられない。

私事にわたって恐縮だが、金婚式を迎えた愛媛の両親にも感謝と遅ればせながらのお祝いを伝えたい。また、在宅勤務が続いて、この春から妻にいつも以上に負担をかけてしまっている。日常が戻り、小さな発見と浮かぶ疑問を楽しみながら、あちらこちらの史跡をいっしょに歩ける日が戻ってくることを願っている。次は、どこへ行こう。

二〇二〇年六月一三日

村上紀夫

❖参考文献

- 秋元せき「北垣国道と『任他主義』(laissez-faire)について」(『京都市歴史資料館紀要』第一三号、一九九六年)
- 秋山國三『近世京都町組発達史』法政大学出版会、一九八〇年
- 明智瀧朗「光秀と山階」(『観世』三二巻七号、一九六五年七月)
- 明智瀧朗『光秀行状記』中部経済新聞社、一九六七年
- 天野文雄『能に憑かれた権力者―秀吉能楽愛好記―』講談社メチエ、一九九七年
- 井上泰至『近世刊行軍書論―教訓・娯楽・考証―』笠間書院、二〇一四年
- 石橋義秀・菊池政和編『近世略縁起論考』(和泉書院、二〇〇七年)
- 今田洋三『江戸の本屋さん』平凡社ライブラリー、二〇〇九年
- 今田洋三『江戸の禁書』吉川弘文館、二〇〇七年
- 岩田重則「明智光秀の墓」(『現代思想』第四七巻第一六号、二〇一九年)
- 宇高良哲「天海の生涯」(圭室文雄編『日本の名僧一五　政界の導者天海・崇伝』吉川弘文館、二〇〇四年)
- 内田康夫『日光殺人事件』光文社文庫、二〇一六年
- 遠藤秀男『日本の首塚』雄山閣、一九七三年
- 大津市教育委員会編集『大津市埋蔵文化財調査報告書四三　坂本城跡発掘調査報告書』大津市教育委員会、二〇〇八年
- 大津市役所『新修大津市史7　北部地域』大津市役所、一九八四年
- 奥村恒次郎『明智光秀』出版社不明、一九一〇年

・小栗栖自治会編『京・小栗栖風土記』小栗栖自治会、二〇一六年
・小澤実編『近代日本の偽史言説―歴史語りのインテレクチュアル・ヒストリー―』勉誠出版、二〇一七年
・小和田哲男『明智光秀・秀満―ときハ今あめが下しる五月哉―』ミネルヴァ書房、二〇一九年
・勝田至「鳥辺野考」（勝田至『日本中世の墓と葬送』吉川弘文館、二〇〇六年）
・勝俣鎮夫『一揆』岩波新書、一九八二年
・加藤博史「京都府知事槇村・北垣の一断面」（『京都市歴史資料館紀要』第五・六号、一九八九年）
・金子拓『織田信長という歴史―『信長記』の彼方へ―』勉誠出版、二〇〇九年
・金子拓『記憶の歴史学』講談社メチエ、二〇一一年
・金子拓「太田牛一自筆『太田牛一旧記』について」（金子拓編『『信長記』と信長・秀吉の時代』勉誠出版、二〇一二年）
・河合正朝「海北友松：伝記と研究」（『藝文研究』第二四号、一九六七年）
・河内将芳『落日の豊臣政権―秀吉の憂鬱、不穏な京都―』吉川弘文館、二〇一六年
・河内将芳『戦国仏教と京都』法藏館、二〇一九年
・川上孤山『増補妙心寺史』思文閣出版、一九七五年
・寛永寺編『慈眼大師全集　上下』寛永寺、一九一六年
・神田千里「近世在村武士の実態―中近世移行期への一視点―」（神田千里『一向一揆と戦国社会』吉川弘文館、一九九八年）
・神田千里『宗教で読む戦国時代』講談社メチエ、二〇一〇年
・岸和田市史編さん委員会編『岸和田市史　第三巻　近世編』岸和田市、二〇〇〇年

●京都市『京都の歴史四　桃山の開花』學藝書林、一九六九年
●京都府立総合資料館歴史資料課『革嶋家文書展』京都府立総合資料館、二〇〇三年
●京都市立醍醐小学校校友会視聴覚委員会編『復刻ふるさと醍醐』京都醍醐ライオンズクラブ発行、一九九七年
●栗田英彦他編『近現代日本の民間精神療法―不可視《オカルト》なエネルギーの諸相―』国書刊行会、二〇一九年
●小池淳一「民俗書誌論」（須藤健一編『フィールドワークを歩く―文化系研究者の知識と経験―』嵯峨野書院、一九九六年）
●小池淳一「〈声〉からみた文字」（笹原亮二編『口頭伝承と文字文化―文字の民俗学　声の歴史学―』思文閣出版、二〇〇九年
●後小路薫『勧化本の研究』和泉書院、二〇一〇年
●後藤靖・田端泰子編『洛東探訪』淡交社、一九九二年
●小西淑子「近世都市文化に生きる明智伝承」（『淑徳短期大学研究論文集』Ⅱ、一九九五年）
●権藤芳一「『御即位能番組』―幕末の即位能―」（『芸能史研究』一六三号、二〇〇三年一〇月）
●早乙女貢『明智光秀』文春文庫、二〇一八年
●坂本箕山『明智光秀』日比谷出版社、一九四二年
●笹川祥生「『義残後覚』考」（『説話論集　第二集　説話と軍記物語』清文堂出版、一九九二年）
●笹川祥生『戦国軍記の研究』和泉書院、一九九九年
●佐藤卓己『キングの時代―国民的大衆雑誌の公共性―』岩波現代文庫、二〇二〇年
●清水克行「織豊政権の成立と処刑・梟首観の変容」（同『室町社会の騒擾と秩序』吉川弘文館、二〇〇四年）
●下坂守「算用状と覚書を読む」（大山喬平監修

『上賀茂のもり・やしろ・まつり』思文閣出版、二〇〇六年）
・鈴木仁「樺太郷土会の活動とその影響―新聞・雑誌による郷土研究の取り組み―」（『北方人文研究』第一二号、二〇一九年）
・須藤光輝『大僧正天海』富山房、一九一六年
・高木博志『近代天皇制と古都』岩波書店、二〇〇六年
・高木博志「明治維新と豊国神社の再興」（杉森哲也編『シリーズ三都　京都巻』東京大学出版会、二〇一九年）
・高田衛「解説」（『江戸怪談集　上』岩波文庫、一九八九年）
・高柳光寿『明智光秀』吉川弘文館、一九五八年
・武田仰天子『歴史小説　明智光秀』講談社、一九一五年
・竹貫元勝『紫野大徳寺の歴史と文化』淡交社、二〇一〇年
・田中義成『織田時代史』明治書院、一九二六年
・田中緑紅『京都記録叢書　第三巻　京都神仏願掛重宝記』郷土文化研究所、一九四三年
・谷口克広『検証本能寺の変』吉川弘文館、二〇〇七年
・堤邦彦『江戸の怪異譚―地下水脈の系譜―』ぺりかん社、二〇〇四年
・寺田貞次『京都名家墳墓録　附・略伝並に碑文集覧』村田書店、一九二二年
・土井大介「山中鹿介異聞」（『芸文研究』九五号、二〇〇八年）
・徳富蘇峰『近世日本国民史　第三巻　織田氏時代後編』民友社、一九三四年
・長友千代治『近世貸本屋の研究』東京堂出版、一九八二年
・中野猛・山崎裕人・久野俊彦編『略縁起集の世界―論考と全目録―』森話社、二〇一二年
・羽賀祥二『史蹟論』名古屋大学出版会、

一九九八年
・橋本章『戦国武将英雄譚の誕生』岩田書院、二〇一六年
・早島大祐『明智光秀─牢人医師はなぜ謀反人となったか─』NHK出版新書、二〇一九年
・長谷川泰志「戦国軍記の構成と構想」（堀新編『信長公記を読む』吉川弘文館、二〇〇九年）
・久野俊彦「略縁起の成立と変化─『愛敬稲荷略縁起』─」（同『絵解きと縁起のフォークロア』森話社、二〇〇九年）
・尾藤さき子「畿内小領主の存在形態」（『日本社会経済史研究　中世編』吉川弘文館、一九六七年
・福田千鶴『春日局─今日は火宅を遁れぬるかな─』ミネルヴァ書房、二〇一七年
・藤井尚治『国史異論奇説新学説考』日本書荘、一九三七年
・藤木久志「村の動員」（同『村と領主の戦国世界』東京大学出版会、一九九七年）
・藤田達生『証言本能寺の変─史料で読む戦国史─』八木書店、二〇一〇年
・藤本正行『信長の戦争』講談社学術文庫、二〇〇三年
・二木謙一「解題」（二木謙一校注『明智軍記』角川書店、二〇一九年）
・保坂智『百姓一揆とその作法』吉川弘文館、二〇〇二年
・松田修『複眼の視座─日本近世史の虚と実─』角川選書、一九八一年
・村上紀夫「近代京都における地蔵会の復興」（『奈良大学大学院研究年報』二二号、二〇一七年ａ）
・村上紀夫『京都地蔵盆の歴史』（法藏館、二〇一七年ｂ）
・村上紀夫「流転する明智光秀の首塚」（『奈良史学』三七号、二〇二〇年）
・室井康成「光秀の『首塚』伝説」（歴史読本編

集部編『ここまでわかった！明智光秀の謎』新人物文庫、二〇一四年）
・室井康成『首塚・胴塚・千人塚―日本人は敗者とどう向きあってきたのか―』洋泉社、二〇一五年
・柳田国男「ウソと子供」（『定本柳田国男集』第七巻、筑摩書房、一九六八年）
・矢部健太郎「『大かうさまくんきのうち』の執筆目的と秀次事件」（金子拓編『『信長記』と信長・秀吉の時代』勉誠出版、二〇一二年）
・山田邦和『京都都市史の研究』吉川弘文館、二〇〇九年
・山室信一「政治小説における思想空間」（『新日本古典文学大系明治編　月報』第一六巻、岩波書店、二〇〇三年）
・吉岡拓『十九世紀民衆の歴史意識・由緒と天皇』校倉書房、二〇一一年
・吉田伸之『近世都市社会の身分構造』東京大学出版会、一九九八年
・吉田ゆり子「武士への憧れ―『系図』と『家伝記』―」（『史資料ハブ 地域文化研究』七号、二〇〇六年）
・若尾政希『百姓一揆』岩波新書、二〇一八年

❖引用史料

・『明智軍記』（二木謙一校注『明智軍記』角川書店、二〇一九年）
・『明智系図』（『続群書類従』第五輯下、続群書類従完成会、一九二七年）
・「飯田（明）家文書」（京都市歴史資料館架蔵写真帳）
・「今村兵庫郷侍帯刀由緒書」（今村家文書研究会編『今村家文書史料集　上巻　中世〜近世篇』思文閣出版、二〇一五年）
・『陰徳記』（香川正矩著・米原正義校訂『陰徳記

下』マツノ出版、一九九六年）
●『陰徳太平記』（米原正義校注『正徳二年板本陰徳太平記　五』東洋書院、一九八三年）
●「渡辺重雄氏所蔵文書」（藤田達生・福島克彦編『史料で読む戦国史三　明智光秀』八木書店、二〇一五年）
●『浮世の有様』（『国史叢書　浮世の有様　二』国史研究会、一九一七年）
●『絵本太功記』（『新日本古典文学大系九四　近松半二　江戸作者　浄瑠璃集』岩波書店、一九九六年）
●『永禄以来大事記』（『続群書類従』第二九輯下、続群書類従完成会、一九二六年）
●『おあむ物語』（中村通夫他校訂『雑兵物語・おあむ物語　附おきく物語』岩波書店、一九四三年）
●『近江輿地志略』（『大日本地誌大系　近江輿地志略』第一巻、雄山閣、一九七一年）
●『近江名所図会』（『近江名所図会』柳原書店、一九七四年）
●『淡海録』（『近江史料シリーズ　淡海録』滋賀県地方史研究家連絡会、一九八〇年）
●『太田牛一旧記』（「史料紹介『別本御代々軍記』」金子拓編『『信長記』と信長・秀吉の時代』勉誠出版、二〇一二年）
●『翁草』（『日本随筆大成　第三期第二二巻　翁草〈4〉』吉川弘文館、一九七八年）
●「小栗栖の伝説と粟田口の首塚」（京都府立京都学・歴彩館蔵「藤野大吉家旧蔵資料」六八八号）
●「織田信孝書状」（『大日本古文書　家わけ　大徳寺文書　一』三一三号）
●『織田信長譜』（国文学研究資料館蔵）
●『貝塚御座所日記』（北西弘編『真宗史料集成　第三巻　一向一揆』同朋舎メディアプラン、一九七九年）
●「海北家記録」（東京大学史料編纂所編『大日

本史料』第一二編之二一、東京大学出版会、一九一九年）
・「海北友松夫妻画像賛」（東京大学史料編纂所編『大日本史料』第一二編之二一、東京大学出版会、一九一九年）
・『隔蓂記』（赤松俊秀校註編『隔蓂記』第一～六巻、思文閣出版、一九九七年）
・『華頂要略』（京都府立京都学・歴彩館蔵）
・『兼見卿記』（『史料纂集　古記録編　新訂増補兼見卿記』第二巻、八木書店、二〇一四年）
・「賀茂別雷神社文書」（藤田達生・福島克彦編『史料で読む戦国史三　明智光秀』八木書店、二〇一五年）
・『嘉良喜随筆』（『日本随筆大成』第一期二一巻、吉川弘文館、一九七六年）
・『花洛名勝図会』（国際日本文化研究センター蔵）
・『革島家伝覚書』（『続群書類従』第五輯上、続群書類従完成会、一九二七年）
・『革島家系図』（『続群書類従』第五輯上、続群書類従完成会、一九二七年）
・『川角太閤記』（桑野忠親校注『戦国史料叢書1　太閤史料集』人物往来社、一九六五年）
・『汗血千里の駒』（『新日本古典文学大系明治編　政治小説集一』岩波書店、二〇〇三年）
・『寛政重修諸家譜』（『新訂寛政重修諸家譜』第一八巻、続群書類従完成会、一九六五年）
・『閑田次筆』（『日本随筆大成』第一期第一八巻、吉川弘文館、一九七六年）
・「祇園社本縁雑録」（八坂神社文書編纂委員会編『新編八坂神社記録』臨川書店、二〇一六年）
・『義残後覚』（『続史籍集覧』第七冊、近藤出版部、一九三〇年）
・『橘窓自語』（『日本随筆大成』第一期第四巻、吉川弘文館、一九七五年）
・『奇遊談』（『日本随筆大成』第一期二三巻、吉川弘文館、一九七六年）

●『九桂草堂随筆』（国書刊行会編『百家随筆』第一巻、国書刊行会、一九一八年）
●「京都上京文書」（『織田信長文書の研究』上巻、三七八号）
●『京都府史』第一編「祭典類附録」（京都府立京都学・歴彩館蔵）
●『京都坊目誌』上京第二四学区之部（野間光辰編『新修京都叢書』第一九巻、臨川書店、一九六八年）
●『京町鑑』（野間光辰編『新修京都叢書』第三巻、臨川書店、一九六九年）
●『山州名跡志』（『大日本地誌大系　山州名跡志』第一巻・第二巻、雄山閣、一九七一年）
●『塩尻』（『随筆珍本　塩尻　百巻本』上下、帝国書院、一九〇七年）
●『地下家伝』上中下（自治日報社、一九六八年）
●『拾遺都名所図会』巻之二（『新訂都名所図会』巻四、ちくま学芸文庫、一九九九年）
●『小学国史　尋常科用　下巻』（『日本教科書大系近代編　第二〇巻歴史（三）』講談社、一九六二年）
●『初等科国史』（『日本教科書大系近代編　第二〇巻歴史（三）』講談社、一九六二年）
●『信長公記』（奥野高広・岩沢愿彦校注『信長公記』角川ソフィア文庫、一九六九年）
●『摂津名所図会』（『摂津名所圖會』上下、臨川書店、一九七四年）
●『摂陽群談』（『大日本地誌大系　第九巻　摂陽群談』大日本地誌大系刊行会、一九一六年）
●『醍醐随筆』（『仮名草子集成』第四七巻、東京堂出版、二〇一一年）
●「大徳寺文書」（藤田達生・福島克彦編『史料で読む戦国史三　明智光秀』八木書店、二〇一五年）
●「高木文書」（名古屋市博物館編『豊臣秀吉文書集　一』吉川弘文館、二〇一五年）
●「多賀神社文書」（藤田達生・福島克彦編『史料で

読む戦国史三　明智光秀』八木書店、二〇一五年）
●『天正十年夏記』（立花京子『信長権力と朝廷』岩田書院、二〇〇〇年）
●『豊鑑』（『群書類従』第二〇輯、続群書類従完成会、一九五二年）
●『日葡辞書』（土井忠生他編訳『邦訳日葡辞書』岩波書店、一九八〇年）
●『日本耶蘇会年報』（東京大學史料編纂所編『大日本史料』第一一編一冊、東京大學出版會、一九六八年）
●『年中故事』（『民間風俗年中行事』国書刊行会、一九一六年）
●『覇者交代』（『大衆文学大系　二六　鷲尾雨工・海音寺潮五郎・山本周五郎集』講談社、一九七三年）
●『日次紀事』（野間光辰編『新修京都叢書』第四巻、臨川書店、一九六八年）
●『フロイス日本史』（『完訳フロイス日本史3　安土城と本能寺の変』中公文庫、二〇〇〇年）
●『兵家茶話』（高橋圭一「翻刻・京都大学附属図書館蔵（大惣本）『兵家茶話』中」『大阪大谷大学紀要』四七号、二〇一三年）
●甫庵『太閤記』（小瀬甫庵著『太閤記　上』岩波文庫、一九四三年）
●『豊内記』（『続群書類従』第二〇輯下、続群書類従完成会、一九二五年）
●『細川忠興軍功記』（『続群書類従』第二〇輯下、続群書類従完成会、一九二五年）
●「細川家文書」（藤田達生・福島克彦編『史料で読む戦国史三　明智光秀』八木書店、二〇一五年）
●『本法寺過去帳』（『続群書類従』第三三輯下、続群書類従完成会、一九三一年）
●『満済准后日記』（『続群書類従　補遺一　満済准后日記　上下』続群書類従完成会、一九二八年）
●「妙法堂過去帳」（『本法寺文書　二』大塚巧芸社、一九八九年）
●『守貞謾稿』（宇佐美英機校訂『近世風俗志（守

貞諛稿）四』岩波文庫、二〇〇一年）
・『山城名勝志』（野間光辰編『新修京都叢書』第一三巻・一四巻、臨川書店、一九六八年・七一年）
・『郵便報知新聞』第二六六一号、明治一四年一二月一六日
・『雍州府志』（野間光辰編『新修京都叢書』第一〇巻、臨川書店、一九六八年）
・「離宮八幡宮文書」（藤田達生・福島克彦編『史料で読む戦国史三　明智光秀』八木書店、二〇一五年）
・『老人雑話』（『史籍集覧』第一〇冊、近藤出版部、一九〇二年）

著者略歴

村上紀夫 *MURAKAMI Norio*

1970年愛媛県今治市に生まれる。歴史が好きで、高校時には地元の寺社や城跡などを頻繁に調査・見学。日本中世史を学ぼうと立命館大学文学部史学科へ。その後、大谷大学大学院文学研究科に進学し、博士後期課程を中退。2013年に博士（文学）を奈良大学で取得。主に近世京都の庶民信仰を研究している。現在は、奈良大学の文学部史学科教授として日本文化史を担当。著書に『近世勧進の研究』（法藏館、2011年）、『まちかどの芸能史』（解放出版社、2013年）、『京都地蔵盆の歴史』（法藏館、2017年）、『近世京都寺社の文化史』（法藏館、2019年）、『歴史学で卒業論文を書くために』（創元社、2019年）などがある。

装丁・組版　寺村隆史／地図作成　河本佳樹

江戸時代《えどじだい》の明智光秀《あけちみつひで》

2020年8月20日　第1版第1刷　発行

著　者 ……………………………… 村上紀夫

発行者 ……………………………… 矢部敬一

発行所 ……………………………… 株式会社 創元社

https://www.sogensha.co.jp/

本社　〒541-0047 大阪市中央区淡路町4-3-6

Tel.06-6231-9010　Fax.06-6233-3111

東京支店　〒101-0051 東京都千代田区神田神保町1-2 田辺ビル

Tel.03-6811-0662

印刷所 ……………………………… 株式会社 太洋社

ISBN978-4-422-20467-3 C0021